W0181091

David Jaffin

Israels Erwählung und endzeitliche Bedeutung

VLM

Verlag der
Liebenzeller Mission
Lahr

Mit herzlichem Dank
an Frau Heide Pfeiffer für die Erstellung
des Manuskripts

Die Deutsche Bibliothek – CIP-Einheitsaufnahme

Jaffin, David:
Israels Erwählung und endzeitliche Bedeutung / David Jaffin. –
Bad Liebenzell : Verl. der Liebenzeller Mission, 1995
(Edition C : C ; Nr. 429)
ISBN 3-88002-567-3
NE: Edition C / C

ISBN 3-88002-567-3
Edition C-Paperback 58129 (C 429)
© 1995 by Edition VLM im Verlag der St.-Johannis-Druckerei
Umschlaggestaltung: Grafisches Atelier Arnold, Dettingen/Erms
Umschlagfoto: Karl-Heinz Geppert, Weinheim
Gesamtherstellung:
St.-Johannis-Druckerei, 77922 Lahr
Printed in Germany 12006 /1995

Inhalt

Israels Erwählung und endzeitliche Bedeutung

Unser ehemaliger Landesbischof Theo Sorg hat einmal gesagt: »Zwei Themen sind besonders schwierig für unsere durchschnittliche Kirchengemeinde: Eines ist Israel und das andere die Endzeit.« – Und jetzt bekommen Sie beide Themen auf einmal präsentiert! Das ist gar nicht so einfach. Zwar wird über diese Themen einerseits viel zu wenig in unseren Gottesdiensten gepredigt, aber auf der anderen Seite gibt es viele Prediger und manche Pfarrer, die gerade diese Themen zum Steckenpferd haben.

Als das Reaktorunglück in Tschernobyl passierte, wird plötzlich in der Offenbarung oder in der jüdischen Prophetie irgend etwas entdeckt; wenn irgend etwas auf der Schnakeninsel passiert, wachen plötzlich viele auf und entdecken irgend etwas in einem unbekannten prophetischen Text. Das ist keine ernstzunehmende Theologie, und das werden Sie von mir nicht angeboten bekommen. Was ich heute vorlege, ist ein gesamtbiblisches Verständnis Israels von der Urgeschichte bis zur Endzeit, denn die Endzeit ist nur zu verstehen über Vorzeit und Mitte der Zeit – verkörpert in Christus –, über ein tiefes biblisches Verständnis, was Israel wirklich ist.

Ich werde nicht so voller Begeisterung über Israel schreiben, denn ich halte eigentlich wenig von Israel und wenig von der Gemeinde. Ich halte aber sehr viel von Jesus Christus. Israel ist nichts Besonderes und die Gemeinde ist nichts Besonderes. Es gibt nur einen, der etwas Besonderes ist, und das ist unser Herr. Und unser Herr hat dieses Volk erwählt. Er hat auch uns im Neuen Bund erwählt. Nicht um unserer Person willen – wir seien Juden oder Christen oder sogar Judenchristen – sind wir etwas Besonderes, sondern um dieser Erwählung willen und weil unser Herr etwas Besonderes ist.

Beginnen wir am Anfang. Der Herr hat uns ein sehr zentrales Angebot gegeben, und das war das Paradies. Paradies ist nicht nur ein Ort, sondern ein Zustand. Das bedeutet: ungetrennt sein von

Gott. Wer ungetrennt ist von Gott, lebt unter seiner Herrschaft, unter seiner Erkenntnis, unter seiner Leben schaffenden Kraft. Die Menschen wollten diese Grenze aber nicht annehmen, die Grenze, die Gott gesetzt hatte – verkörpert im »Baum des Lebens« und im »Baum der Erkenntnis des Guten und Bösen«, zu erkennen, daß der Herr allein über das Leben herrscht und daß der Herr und seine Wahrheit viel höher und viel tiefer ist als wir und unsere Wahrheit. Und dann trat der Böse, der immer wieder eine andere Form annimmt, in Gestalt der Schlange auf.

Ich weiß aus Erfahrung sehr genau, wer das stärkere Geschlecht ist, denn ich habe zwei ältere Schwestern, die lange über mich geherrscht haben. Ich habe schon früh gelernt, mich der Stärke der Frauen zu beugen. Die Schlange kam zu Eva heran und sagte: »Schau mal, ist sie nicht verlockend, diese Frucht?« Bisher hatte sie gar nicht besonders auf die Frucht dieses Baumes geschaut – und plötzlich ist sie weggeführt, weggeführt vom Herrn, hin zu einer anderen Herrschaft, der Herrschaft Satans. Es gibt keinen Zwischenweg. Wer glaubt, er wird absolut über sein Leben entscheiden – »Wir sind mündige Menschen, wir entscheiden!« –, der steht unter der Herrschaft Satans. Es gibt nur zwei Wege. Eva merkte, daß die Frucht verlockend war und der Genuß derselben ihr Erkenntnis geben würde und sie dann vielleicht so wie Gott sein könnte.

Der Satan geht immer mit Viertel- und Halbwahrheiten ans Werk, nicht mit totalen Lügen. Und Eva nahm von der Frucht. Und was tat der große Adam, der Mann, der Starke, der Männliche, als seine Frau ihm von der Frucht gab? Sagte Adam: »Der Herr hat das verboten, wir dürfen nicht davon essen, das solltest du lernen?« Nein, Adam war gar nicht so stark, so männlich; er schaute Eva an, und er nahm. So sind wir Männer unter der Herrschaft von Frauen. Das ist ein übles Thema, aber auch ein biblisches. Nicht wahr, wir kennen Batseba, wir kennen viele solcher Gestalten in der Bibel. Adam und Eva waren nackt. Nachdem sie von der verbotenen Frucht gegessen hatten, wurden sie sich ihrer Nackheit bewußt und dessen, daß sie sterblich sind. Es wurde kühl im Garten. Die Geschichte hatte jetzt hier ihr Telos gefunden, den Tod. Denn wer sich vom Leben entfernt, nähert sich dem Tod. Die beiden Menschen haben die Tragweite nicht gewußt, die jetzt auf sie zukommen wird. Sie wurden aber von

dem Herrn gewarnt. Leider gab es damals noch keine Zukunfts-
forscher . . . Ich halte gar nichts von Zukunftsforschung, denn wir
können gar nichts über die Zukunft wissen, nur die Bibel weiß
über die Zukunft Bescheid. Dinge ändern sich rasch.
Wir sehen die Auswirkungen unseres Tuns nie im voraus.
Bismarck, der größte deutsche Politiker, positiv und negativ
groß, hat immer abgewogen: Wenn ich etwas entscheide, was
wird die Auswirkung sein? Und die Auswirkung war immer anders als er erwartet hatte. Denn wir haben die Geschichte nicht
in der Hand, auch Bismarck hatte sie nicht in der Hand. Dinge
sind aus der Hand geglitten, vor allem durch seinen Nachfolger.
Adam und Eva haben nicht gewußt, was kommen wird. So
schnell wie durch einen Schneeball eine Lawine ins Rollen
kommt, so schnell kam durch die Erbsünde der Brudermord (Kain
und Abel). Dem Brudermord folgte Massenmord. Daraus er-
wuchs ein Kulturaufstand gegen Gott, eine ganze Zivilisation
lehnte sich auf gegen Gott. Dies geschah zur Zeit Noahs – diese
Sintflut ist längst archäologisch bewiesen.
Seit 1929 haben Archäologen aus England im Gebiet um Ur
gearbeitet und gegraben, bis sie keine Funde mehr machten. Aber
ein gläubiger Archäologe, ein Engländer, hat gesagt: »Wir machen weiter.« Und sie gruben Schicht um Schicht durch den Ton,
in dem keine Gegenstände mehr existierten, und dann fanden sie
doch nochmals Scherben. Und die Zeit dazwischen, das betrifft
den ganzen Nahen Osten, war die Zeit der Sintflut.
Kulturaufstand gegen Gott: »Wir brauchen Gott nicht, wir
brauchen seine Ordnung nicht.« Im Schwabenland stehen wir
dem Babelturm sehr nahe, technologischer Aufstand gegen Gott.
Nicht wahr, wir haben sehr große Werke, Ingenieure und sehr
viele Spezialisten auf diesen Gebieten. »Wir werden durch
technologisches Können Ordnung schaffen, Wohlstand schaffen«
– dies scheint die Haltung vieler zu sein. Dieser Babelturm, der
Glaube an den Menschen und sein Können, wird an Gottes Stelle
gesetzt. Aber Gott zerstörte den Babelturm und verwirrte die
Sprache. So gibt es hier die schwäbische, die badische und manch
andere Sprachen.
Ich habe ein Buch geschrieben:»Die Urgeschichte der Menschheit – unsere Geschichte«, um zu zeigen, wie endzeitlich die
Urgeschichte ist. Okkultes entsteht, die Engelehe. Die Trennung

9

zwischen dem was oben und was unten ist, wird hier aufgehoben, nicht von unten, sondern von oben. Die Engel kommen herunter und zeugen mit den Frauen hier auf der Erde Giganten. Alles was die Bibel hier sagt, ist nicht Mythos, sondern physische und historische Wahrheit. Was tut Gott gegen solche Menschen? Menschen, die selbst Gott sein wollen, Menschen, die Gottes Ordnung nicht respektieren, Menschen im Aufstand gegen Gott wie wir heute es sind? Der endzeitliche Mensch ist genauso im Aufstand gegen Gott wie der Mensch es eh und je war.

Schauen sie, wieviel Blasphemie ist in unseren Medien zu finden! Doch da steht in der Bibel der Satz: »Noah fand Gnade bei Gott«. Ein schlichter Satz. Noah hatte eine gute Frau . . . Ich muß dankbar sein, daß ich auch eine solche habe, eine Bayerin sogar, das ist etwas mehr als eine Deutsche, das habe ich gelernt. Noah hatte drei gehorsame Söhne. Am Ende der Tage ist das wirklich ein großes Wunder. Drei gehorsame Söhne, wer hat sie? Und dann drei gehorsame Schwiegertöchter, das ist mehr als ein Wunder.

Jetzt kommen wir zu einer sehr merkwürdigen Erkenntnis. Die Bibel ist eine Einheit und soll als Einheit betrachtet werden. Die ganze Urgeschichte der Menschheit zeugt von dem Alten Bund, dem Bund mit Israel, der eine Vordeutung des Neuen Bundes ist. Das werden wir noch behandeln. Der ganze Heilsplan Gottes ist ein Wort und eine Einheit. Die Bibel ist nicht zu trennen in Altes und Neues Testament. Ich bin kein neutestamentlicher Christ, ich bin ein Christ, der an die ganze Bibel als Gottes Wort glaubt. Ein Christ kann nicht den Anspruch erheben, er sei ein neutestamentlicher Christ, denn Gottes Geschichte beginnt mit dem Alten Testament, und das Neue Testament ist nicht zu verstehen ohne das Alte Testament. Es gibt keinen Satz im Neuen Testament, der nicht einen alttestamentlichen Hintergrund hätte.

Als Christ ist für mich sowohl das Alte als auch das Neue Testament Gottes Wort. Wir sehen in der Urgeschichte der Menschheit den Weg zum Alten Bund, denn »Am Anfang schuf Gott Himmel und Erde«. Anfang ist Zeit, Himmel und Erde ist Raum. Das bedeutet: Der Herr ist der Herr der Geschichte. Er steht über der Zeit. Die ganze Zeit steht in diesem Moment in seiner Hand, die Erschaffung der Welt und das Töten des Antichristen. Alle Zeit ist gegenwärtig für Gott, wie T.S. Eliot, der größte englische Lyriker des zwanzigsten Jahrhunderts, es in seinen Four Quartetts formuliert, der sich vom Heidentum zum Christentum bekehrt und C.S. Lewis den Weg geöffnet hat zu seinem tiefen Glauben. Seine Werke sollte jeder Christ kennen. Sie sind tief, aber schwierig zu lesen. Man muß sie drei-, viermal lesen, bis man den Inhalt begreift, denn das Gesagte ist tiefgründig. Die Bibel muß man mehr als drei-, viermal lesen, bis man begreift, was sie zu sagen hat.

Die Tiere, die in die Arche Noah gehen sollen, werden getrennt in reine und unreine. Warum? Je sieben Paar reine und je ein Paar unreine Tiere soll Noah in die Arche nehmen. Auch Rabe und Taube werden später von Noah aus der Arche herausgelassen – unrein und rein. Das ist der Weg zu der ganzen Gesetzgebung über Reinheit, die eine zentrale Wegweisung zu Jesus Christus hin ist. Von der Urgeschichte zum Alten Bund, hin zu Christus.

Acht Menschen – warum acht? Der achte Tag ist für einen Juden der Tag der Beschneidung. David ist der achte Sohn Isais. Jesus, der Sohn Davids, ist zweimal beschnitten, zum einen körperlich am achten Tag. Das andere ist hier weitgehend unbekannt, das steht nicht im Neuen Testament, aber jeder Jude weiß, was das ist. Als Jesus gekreuzigt war, zerriß der Vorhang im Tempel von oben nach unten. Das ist eine genaue Beschreibung einer Beschneidung, einer Beschneidung zu seiner geistlichen Potenz, daß diese geistliche Potenz nicht mehr gebunden ist an einen Ort, den Tempel, sondern durch die Mission hinausgeht mit Christus. Das ist die zweite Beschneidung Jesu.

Und dann kommt die Erwählung Israels. Nach dem Sündenfall, dem dann Brudermord, Massenmord, Kulturaufstand gegen Gott, technologischer Aufstand gegen Gott (1. Mose 11, Babelturm) folgen, geht der Herr nochmals an die Arbeit durch einen einzelnen Menschen. Was ist diese marxistische Interpretation, die die moderne Theologie übernommen hat? Alles wird wirtschaftlich, sozial ausgelegt.

Mir ist von der Bibel her vielmehr bekannt, daß Gott Dinge tut durch einzelne Menschen. Noah, nach ihm Abraham – Mose – Elia – David – Jesus (er ist allerdings mehr als ein Mensch, er ist auch Gott) – Petrus – Paulus: Sie werden als einzelne Menschen von Gott berufen und gebraucht. Ein Mensch namens Abram wird berufen, seinen heidnischen Hintergrund zu verlassen und in ein

Land zu gehen »das ich dir zeigen werde«. Ihm galt der große vierfache Segen: Großes Volk, Land, Segen bzw. Fluch und die messianische Verheißung. Bitte, nicht nur die messianische Verheißung lesen und alles andere weglassen. Es ist eine Einheit. Wer Israel segnet, der wird gesegnet, und wer Israel verflucht, der wird verflucht. Und das gilt bis heute. Landverheißung – daß sie in Erfüllung geht, ist heute zu sehen. Großes Volk –, aber nicht auf einmal; wir waren nie ein sehr großes Volk. Man hat immer überweise gesagt: »Wenn ein Jude da ist, wirkt er wie zehn, wenn zehn Juden da sind, wirken sie wie hundert, wenn hundert da sind, dann wirken sie wie tausend usw.« Das kann sein, aber wir haben Jahrtausende hindurch mit dem Herrn gelebt als relativ kleines Volk. Wenn man aber alles Volk der vergangenen Geschichte bis heute zusammenzählt, dann ergibt dies eine große Zahl – ein großes Volk –, denn der Herr steht über der Zeit. Es gab die Vorstellung, der Jude sei der dreckige Ghetto-Jude, der arm, ja armselig sei. Heute hat man eine genau das Gegenteil aussagende Vorstellung von Juden: Der Jude, ja jeder Jude sei ein Genie. Wer mich gut kennt, wird schnell merken, daß das nicht wahr ist. Und ich selbst kann aus meiner Studienzeit bezeugen, daß es sehr viele dumme Juden gibt. Ich habe in New York mit vielen, sehr vielen dummen Juden studiert. Wenn ein Jude nicht fähig ist, einen geistigen oder geistlichen Beruf zu ergreifen, dann versucht er, wenigstens viel Geld zu verdienen. Wir Juden sind nicht berufen, weil wir klug sind, weil wir besser sind. Das sind wir nicht. Wir sind wie jedes andere Volk, und der Jude ist wie jeder andere Mensch. Zu glauben, daß alle Juden klug und besser seien, führt auch zu Antisemitismus.

Mengele, zweifacher Doktor, hat nicht gedacht, die Juden seien eine minderwertige Rasse. Er war intelligent genug, das schnell zu merken. Er hat gesagt: »Wir müssen mit den Juden schnell fertig werden, denn die sind gefährlich für uns Deutsche.« Ja, wenn man nach der Intelligenz von Hitler, Himmler und dergleichen Leute geht, könnten die Juden sehr gefährlich werden für solche üblen Köpfe gestörten Geistes. Aber die Deutschen haben auch ihre Hegels und Kants usw. Das habe ich nie bezweifelt.

Die ganze Erwählung Israels hat weniger mit Israel zu tun, sondern mit Jesus – und damit eben auch mit Israel, denn Jesus ist der König der Juden. Das bedeutet: Die ganze Geschichte

Israels ist in Verbindung mit Jesus zu sehen. Wenn ein Jude das nicht sieht – denn er hat ja Jesus nicht angenommen –, kann er auch seine eigene Bibel, das Alte Testament, nicht verstehen. Ohne Jesus ist das Alte Testament nicht zu verstehen. Ein Christ, der sich neutestamentlicher Christ nennt, kann seine Bibel auch nicht verstehen, wenn er nicht das Alte Testament in der Tiefe kennt, denn das ist Jesu Selbstverständnis. »Ich bin nicht gekommen aufzulösen, sondern zu erfüllen«, sagt Jesus. Was ist er gekommen zu erfüllen? Es gab kein Neues Testament, er meinte das Alte Testament.

Die Bibel ist eine Einheit, auch eine geschichtliche Einheit. Was ist das Zentrum? Gott. Christen sagen: »Das ist der Gott der Liebe.« Juden sagen: »Das ist der heilige Gott, der Gott der Gerechtigkeit.« Beide Aussagen sind Halbwahrheiten. Das Zentrum ist Gott, Jahwe, der seiende, wirkende Gott, der Gott der Geschichte, der Gott mit seinem Heilsplan für Israel, für die Gemeinde, für uns. Eingebettet in diese große historische Schau, ist die Bibel, ist Gottes Liebe und seine Gerechtigkeit.

Gott nur als Liebenden zu sehen, führt zu einem absolut verzerrten Gottesbild. Der liebende, barmherzige, gute, süße Gott – ich kann tun und lassen, was ich will! Ich kenne einen Ehebrecher, der kann in einem Atemzug sagen: »Gott ist die Liebe«, und: »ich habe sie geliebt, auch wenn sie nicht meine Frau war.« »Wer mich liebt, wird meine Gebote halten«, sagt Jesus. Es geht nicht nur um Liebe. Gott ist ein brennender, eifernder, heiliger Gott, und das sollen wir niemals vergessen. Ein Jude weiß das. Leider wissen das Christen viel zu wenig.

Es wird sehr oft über den lieben, barmherzigen und guten Jesus, das Püppchen in der Krippe gepredigt. Dieses Püppchen in der Krippe wird dann oft wie ein Götze verehrt. Wer das Püppchen in der Krippe richtig darstellt, der malt es, wie z. B. Grünewald, mit zerrissenen Windeln, um auf sein Kreuz hinzuzeigen. Auf diesem Bild (Isenheimer Altar, die Geburt Jesu – wunderbare Verkündigung) steigen die Engel hinauf und herab und Maria schaut auf Jesus. Diese Szene läßt genau das Bild eines Kreuzes, das aufgestellt wird, erkennen. Van der Weyden, der große flämische Maler, stellt die Geburt Jesu so dar, daß direkt hinter ihm ein Kreuz zu sehen ist. Leonardo da Vinci drückt auf einem seiner Bilder die Geburt Jesu so aus: Jesus spielt mit einem Lamm, und neben ihm, dem Säugling, steht ein Kelch. Und Giovanni Bellini, der einen großen Einfluß auf Dürer gehabt hat, stellte am eindrücklichsten von diesen Malern die Geburt Jesu dar. Er malte ein Bild in Venedig: Jesus, der Säugling, streckt seinen Fuß in die Höhe; darunter ist ein Holz gemalt, auf dem der Name ›Giovanni Bellini‹ auf Latein geschrieben steht; Jesus ist gerade dabei, auf das Holz zu treten. »Einer wird kommen, der Schlange den Kopf zu zertreten«, damit meint der Künstler, dem Satan in mir, in Giovanni Bellini. Und wie ist es heute oft? Viele verehren den süßen, lieben, netten und harmlosen Jesus in der Krippe. Und dann schafft man eine gute Atmosphäre mit Licht und Frieden. Das ist nicht das biblische Licht und der biblische Frieden.

Israel und Jesus. Wann wurde Israel erwählt? In Gefangenschaft, und das ist zentral. Nicht eine einzelne Person wurde in die Gefangenschaft nach Ägypten geführt, sondern das ganze Volk. Erst gibt es die Patriarchen, dann die Gefangenschaft in Ägypten. Warum? Weil die Zielsetzung des Gottes Israels die Befreiung aus der Gefangenschaft ist. Das ist durch die zwei zentralen Feste im Alten Testament, Passah und Jom Kippur, bezeugt. Beides sind Feste, die an Befreiung erinnern sollen.

Welche Zielsetzung hat Jesus von Nazareth, der Juden König und der Heiden Heiland? Befreiung aus der Knechtschaft der Sünde. Hier sehen wir direkt in der Erwählung Israels den Weg zu Christus, erwählt in Knechtschaft. So lautet das erste Gebot: »Ich bin der Herr dein Gott, der ich dich aus Ägyptenland, aus der Knechtschaft, geführt habe. Du sollst keine anderen Götter haben neben mir.« Als Christen können wir dem zustimmen, was Gott der Herr sagt: Ich habe dich aus der Knechtschaft der Sünde herausgeführt, du sollst keinen Gott außer Jesus Christus haben.

Das ist die gleiche Aussage wie oben, nur ist die erstere Vordeutung und die andere Erfüllung. Zielsetzung der Erwählung Israels wird die Führung aus der Knechtschaft in die Wüste, in der das Volk total abhängig ist vom Herrn; wir können es Brautzeit nennen. Das Volk ist abhängig in bezug auf Essen, Trinken, Gerechtigkeit, Richtung, abhängig in jeglicher Hinsicht. Und diese Wüstenlandschaft ist die Landschaft des Christseins. Denn wir leben hier in der Wüste, wie Johannes der Täufer aus der Wüste kam. Diese Welt ist Wüste, sie ist nicht unsere endgültige Heimat. Wir sind ein Wandervolk wie Israel. Und wenn wir begriffen haben, wer Jesus Christus wirklich ist, dann werden wir wissen, daß wir total abhängig sind von ihm in bezug auf Leben, Essen, Trinken, tägliche Führung und Zielsetzung. Welches ist die Zielsetzung? Das Land. Das ist der nächste Schritt. Die Zielsetzung Israels ist die Landnahme. Was ist wichtiger, Gottes Verheißung oder sogenanntes Völkerrecht?

Ich kenne mich in Sachen Völkerrecht etwas aus, weiß, daß ursprünglich hinter dem Völkerrecht Gottes Recht steht. Hier ist ein Kampf zwischen zwei Rechten: Gottes Recht und Völkerrecht. Und Gottes Recht ist das Bestimmende.

Soll Israel heute auf die Völker hören? Wer hat uns je geholfen? 1942 sind Flugzeuge der Engländer über Auschwitz geflogen und haben Bilder aufgenommen – diese habe ich gesehen. Man hat genau gewußt, was da passiert. Roosevelt hat das gewußt. Keiner hat einen Finger gerührt, uns zu helfen; das wollten sie nicht. Und das waren unsere Freunde. Sollen wir auf die Welt hören?

Wer Israel liebt, wird die Geschichte ein bißchen anders sehen. Zum Beispiel jetzt Hamas, das sind Terroristen. Was tun die Deutschen mit Terroristen? Und diese haben links und rechts unsere Leute ermordet. Die sind da, um uns umzubringen. Sollen wir ihnen Land überlassen, weil das Völkerrecht sagt, daß sie ins Land gehören? Wir müssen überleben! Wir sind ein ganz kleines Volk. Und wir Christen – sind wir nicht auch ein ganz kleines Volk? Ich sage zu meiner Frau immer wieder: »Auch wenn ich zu einer großen Anzahl von Menschen spreche, weiß ich, daß wir Christen sehr wenige sind.« Und das ist die Lage der Juden immer gewesen. Wir sind ein ganz kleines Volk. In Israel leben vier Millionen Juden, ringsherum umgeben von Feinden, die uns ausrotten wollen. Und wir sollen ihnen einen Staat geben, diesen Terroristen, den Hamas und der PLO? Oh, die sind gemäßigt, kann man da hören. Gemäßigt – was hat Arafat da mitgeplant? Einen Überfall auf den großen Strand bei Tel Aviv, Pfingsten vor vier Jahren; alle Frauen und Kinder sollten umgebracht werden. Das war nicht irgendeine Randgruppe, sondern die Hauptgruppe, El Fatah, mit der er auch zusammenarbeitet. Und die Welt ist ständig entsetzt über uns. Wir müssen überleben. Denn Gottes Heilsplan steht über uns. Jesus kommt wieder, nicht für euch und für mich – wir werden nicht mehr hier sein, wir werden vorher entrückt (1. Thess 4), er kommt für Israel.

Und was ist unsere Zielsetzung als Christen? Warum haben wir einen guten Hirten? Er weidet uns, und er zeigt uns den Weg, den Weg zu seinem Land, zu seinem Reich. Israel ist erwählt aus der Knechtschaft, geführt durch die Wüste, hin zur Landnahme. Und wir auch: Erwählt und befreit aus der Knechtschaft der Sünde, geführt durch die Wüste dieser Welt, hin zur Landnahme – und das ist Gottes Reich.

Wer das Alte Testament sehr genau liest, wird merken, daß es in diesen ersten fünf Büchern wimmelt von Reinheitsordnungen; sie haben alle etwas mit rein und unrein zu tun. Das geht zurück, wie gesagt, zur Urgeschichte. Warum? Weil Jesus Christus unsere Reinheit ist. Das ist gezeigt durch die Taufe.

Lassen Sie mich eine Gegenüberstellung machen anhand des ersten Wunders, das Jesus bei der Hochzeit zu Kana getan hat. Hier bei der Hochzeit: sechs Gefäße mit Wasser zur Reinigung, das er verwandelt in Wein – dort beim Abendmahl:»Nehmet und trinket, das ist mein Blut des Neuen Bundes« –, daß wir durch seine Reinheit, durch sein Kreuz, Hochzeit feiern können in seinem Reich. Im ganzen Neuen Testament wimmelt es von Reinheitshandlungen. Einer meiner Vorträge hat das Thema:»Die Reinheit im Alten Testament und ihre Vollendung in Jesus Christus.« Das ist auch das Thema des Johannesevangeliums: Jesus Christus ist die Reinheit, auf die Israel immer gewartet hat.

Und die Gebote und Verbote, 613 an der Zahl. Wie lautet das allererste der 613 Gebote und Verbote?»Mehret euch!« – Leben. Wissen Sie, als ich neu in meine letzte Gemeinde kam, habe ich als allererstes einen Brief vom Oberkirchenrat bekommen:»Pfarrer Dr. Jaffin, Ihr Gehalt wird gekürzt . . .« Ich habe gedacht: Was habe ich verbrochen? Bis jetzt habe ich mir doch gar nichts zuschulden kommen lassen.». . . denn Ihre Gemeinde hat weniger als 2500 Seelen.« Deswegen also weniger Gehalt. Was habe ich getan? Ich habe praktische Theologie betrieben, gekämpft mit der Bibel. Bei allen Trau- und Taufgesprächen habe ich gefragt:»Wie heißt das erste von allen Geboten?« – »Mehret euch!« habe ich gesagt,»das will der Herr.« Und meine Gemeinde war tüchtig. Vor ein paar Jahren habe ich einen Brief bekommen:»Pfarrer Dr. Jaffin, Ihr Gehalt wird erhöht . . .« Weil wir nun über 2500 Leute sind, die zur Gemeinde gehören!

Das Zentrum dieser 613 Gebote und Verbote, die alle in den

fünf Büchern Mose stehen, sind die Zehn Gebote, die zwei Tafeln Mose. Ist das nicht auch ein zentrales Thema unseres Glaubens, daß letzten Endes jede wahre Predigt, ich rede von wahrer Predigt, anfängt mit der Beziehung zu Gott, und aus der Beziehung zu Gott kommt die Beziehung zu den Mitmenschen? Denn Gott ist Liebe, das ist er wirklich, und aus ihm kommt die Nächstenliebe, nicht aus mir – die zwei Tafeln.

Wer aber ständig nur Mitmenschlichkeit predigt, predigt Humanismus. Das ist nicht christlicher Glaube. Oder: Modernes, liberales Judentum hat genauso immer die Mitmenschen im Mittelpunkt. Das ist nicht biblisch! Es geht zuerst um Gott, weil er die Liebe ist.

Es gibt wenige Menschen, die ich von Natur aus liebe. Christus liebt jeden. Und weil auch ich ihn liebe, versuche ich, kraft seiner Liebe, die er mir entgegenbringt, die Nächsten zu lieben. Das bedeutet: Wer Nächstenliebe üben will, muß sich immer tiefer in Christus gründen. Nicht die Gebote der zweiten Tafel, sondern die der ersten müssen an erster Stelle befolgt werden – aber der Gehorsam den Geboten der zweiten Tafel gegenüber muß als Konsequenz folgen.

»Mose sagte euch – ich sage euch«. Anhand von zwei Geboten, zwar nicht den zwei wichtigsten, dem fünften: »Du sollst nicht töten« und dem sechsten: »Du sollst nicht ehebrechen«, definiert Jesus in seiner zentralen Rede, der Bergpredigt, was diese Gesetze bedeuten. Ehebruch ist begehren außerhalb der Ehe, und Mord ist Haß. In Gottes Augen sind wir alle Ehebrecher und Mörder. Bei der Bergpredigt kommt Jesus zum Zentrum der Gebote, der ethischen Gebote, und legt diese in einer zentralen Art aus. Denn was ist die Bergpredigt?

Dieser Abschnitt der Bibel ist von Franz Alt und seinen Anhängern total falsch verstanden. Die Bergpredigt ist nichts anderes als Jesu Auftrag. »Darum sollt ihr vollkommen sein, wie euer Vater im Himmel . . .«, sagt er (Matth 5,48). Wer kann vollkommen sein? Konsequente Feindesliebe leben – wir können das vorheucheln, aber wir sind zur Ehrlichkeit berufen. Keiner von uns liebt seine Feinde immer. Ein Leben ohne Haß und Begierde kann niemand vorweisen, nur Christus. »Es ist vollbracht«, sagt er am Kreuz.

»Die härteste und tiefste aller Bußpredigten ist diese Bergpredigt«, so sagt Luther, denn wir können ihre Forderungen nicht erfüllen. Ein Prophet kann nur das verlangen, was er selbst erfüllen kann. Nie hat ein Prophet Vollkommenheit verlangt, nie. Jesus hat es getan, denn er selbst ist die Vollkommenheit Gottes. Wer die Bergpredigt mit ›jüdischen Augen‹ liest, weiß sofort, entweder ist Jesus Gott oder er ist ein Gotteslästerer. Er kann nicht etwas dazwischen sein, entweder – oder. Und das ist sein Auftrag. Vollkommen – für uns, das vollkommene Opfer. Auch hier finden wir die Verbindung zu den Opfergesetzen: Mittelpunkt und Ziel ist Christi Opfer anstelle von allen Tieropfern. Reinheitsgesetz, ethisches Gesetz, Opfergesetz: Alles, was zentral ist in bezug auf Israel, ist zentral in bezug auf Jesus. Ich bin nicht hier, Israel zu verkündigen. Ich bin hier, Jesus Christus zu verkündigen. Und weil ich Jesus Christus verkündige, *muß* ich auch Israel verkündigen, denn er hat dieses Volk erwählt. Und er kann seine Erwählung nicht bereuen. Dieses Volk bleibt erwählt, und auch wir als Christen.

Caspar David Friedrich, über den ich ein Buch geschrieben habe, war ein tiefer christlicher Maler mit festem Glauben. Er hatte ein Lieblingssymbol – ich benutze »Symbol« nicht wie Drewermann, denn es geht um *Wahrheit und* symbolische Bedeutung –, und zwar dieses: Ein Tag im Nebel. Die Bibel ist wie ein Tag im Nebel; langsam, Schritt für Schritt steigt der Nebel auf, bis endlich strahlende Klarheit den Tag erhellt. Und wissen Sie, wo die strahlende Klarheit zu finden ist? Im ersten Evangelium. Und wissen Sie, wie das erste Evangelium heißt? Es heißt Jesaja-Evangelium. Denn um 700 vor Christus war alles über Jesus schon bekannt. Das *ist* das erste Evangelium, und alle ersten Christen haben das gewußt. Jesaja wird im Neuen Testament immer wieder zitiert, er könnte noch viel öfter zitiert werden. 1. Mose 3: »Einer wird kommen, der Schlange (dem Bösen) den Kopf zu zertreten.« Es wird nicht gesagt: wer, wann, wie, wo – nur »einer«.

1. Mose 12: Hier wird die Geschichte von Abrahams (damals hieß er noch Abram) Berufung und Zug nach Kanaan berichtet – bitte nicht Abraham als Vater des Islam bezeichnen. Das ist absolut unbiblisch, denn es steht in Römer 9 Abraham und Isaak. Die Verheißungen sind wiederholt Abraham, Isaak und Jakob gegeben – nicht Ismael. Zu behaupten, hier seien drei Religionen einge-

bunden durch die Verheißung an Abraham, ist absolut unbiblisch. Nein, es geht weiter, es hört nicht mit Abraham auf. Sonst wäre es wie bei einem Christen, der zur Christvesper geht, aber in Bethlehem und nicht weitergeht nach Golgatha. Eine gute Predigt zur Christvesper führt von Bethlehem nach Golgatha.

Die Bibel redet an vielen Stellen in Bildern, – eine Fülle von unerkannten Zeichenhandlungen. Man muß die Bildsprache beachten; Bild und Wort sind nicht voneinander zu trennen. Es ist eine Spezialität von mir, diese Bildsprache der Bibel zu enträtseln, denn ich habe mit großen Kunsthistorikern studiert. Anhand einiger Beispiele will ich dies hier tun.

1. Mose 49: Dieses Kapitel berichtet uns vom Segen Jakobs über seine Söhne. Seinem Sohn Juda, von dem der Stamm Juda kommt, spricht er unter anderem folgende Worte zu:»Es wird das Zepter von Juda nicht weichen, noch der Stab des Herrschers von seinen Füßen, bis daß der Held komme, und ihm werden die Völker anhangen.« Jesus Christus ist der Held, der aus dem Stamm Juda kam.

Weiter heißt es:»Er wird seinen Esel an den Weinstock binden und seiner Eselin Füllen an die edle Rebe.« Diese Worte sind eine Vordeutung auf Palmsonntag.

»Er wird sein Kleid in Wein waschen und seinen Mantel in Traubenblut.« Ein weinbeschmiertes Kleid (ein Kleid, gewaschen in Wein, in Traubenblut) – Hindeutung auf das Kreuz Jesu, sein Blut; Wein – Abendmahl.

2. Samuel 7: In diesem Kapitel finden wir eine grundlegende Aussage für David. Gott spricht zu ihm:»Du willst dem Herrn ein Haus bauen, aber der Herr baut dir eine Dynastie, die in Ewigkeit bestehen wird.«

Und nun zurück zum Jesaja-Evangelium. Wissen Sie, man kann sagen:»Er wurde von einer jungen Frau geboren«. Man kann es so übersetzen, aber das ist theologischer Unsinn. Hier haben wir ein gesamtbiblisches Thema: Gott steht sowohl über den biologischen Gesetzen, als auch über den Gesetzen Mose. Sara – war Sara in der Lage, ein Kind zu bekommen? Sie war nicht mehr in der Lage. Ihrem Alter entsprechend hätte sie eine Urgroßmutter sein können. Wir wissen, sie hat geschmunzelt über Gottes Aussage. Hanna – sie hat geweint – auch Humor finden wir in der Bibel –, sie hat so geweint, daß der Hohepriester Eli meinte, sie sei betrunken und zu ihr sagte:»Raus aus dem Heiligtum.« Sie antwortete:»Ich will ein Kind, einen Sohn.« Hanna ist unfruchtbar und bekommt doch einen Sohn. Und wie war es bei Elisabeth? – das sind alles Vordeutungen der Jungfrauengeburt, die tatsächlich geschehen ist. Maria wurde überschattet von der Kraft des Höchsten – warum Schatten? Es wurde kühl im Garten Eden, Zeichen der Erbsünde, des Sündenfalls. Überschattet übernimmt dieses Bild im positiven Sinn. So viele Maler malen Jesus mit einer Frucht in der Hand – ihr seid durch euren Ungehorsam, indem ihr von dieser verbotenen Frucht gegessen habt, gefallen – Sündenfall –, aber ich werde euch erlösen und auf den Weg zurück zum Paradies bringen.

In Jesaja 9 steht:»Er heißt Ewig-Vater«, seine Messianität, Vater, Sohn und Heiliger Geist, Trinitätslehre im Alten Testament. Ein faszinierendes Thema.»Von Ewigkeit zu Ewigkeit ist sein Name« (Micha 5), von Anbeginn zu Anbeginn, gleich dem Vater. Er ist die Gerechtigkeit Gottes. Schauen Sie in die Mitte, was nicht dick und schräg gedruckt ist – ich habe einmal zu Weihnachten nur über diese Verse in der Mitte gepredigt, über ein Kleid mit Blut beschmiert, das dem Feuer übergeben wird. Das ist Jesu Kreuz, der unser Gericht auf sich nimmt. Das ist nicht dick und schräg gedruckt, weil die Leute, die das dick und schräg gemacht haben, diesen Text nicht verstanden haben. Es gibt viele solche Texte im Alten wie im Neuen Testament. Jesaja 9 ist absolut zentral, sehr viel zentraler als man heute denkt. Das Tausendjährige Friedensreich . . . viele Leute, die selbstverständlich wie Luther an diesem Thema vorbeigehen. Das ist ein zentrales Thema. Jeder Jude weiß, daß es ein Tausendjähriges Friedensreich hier auf Erden geben wird. Aber manche Theologen hier scheinen das leider nicht zu wissen.

Paradies –	Menschen, wilde Tiere, zahme Tiere, alle beieinander.
Noahs Arche –	wilde Tiere, zahme Tiere, die Errettung einer ganzen Welt. Und dann?
Psalm 72 und Jesaja 11 –	Das Tausendjährige Reich wird genau beschrieben.
Markus 1, 12.13 –	Wo ging Jesus hin nach seiner Taufe? Er ging nicht zu den Menschen, er ging in die Wüste.

Das finde ich sehr schön. Er ging zuerst in die Wüste zu den wilden Tieren, bevor er zu den Menschen ging, und die Engel waren dort, ihn zu schützen. Das ist eine Vordeutung des Tausendjährigen Friedensreiches. Römer 8 – Die Tiere leben in Angst und Furcht, bis sie erlöst werden. Glauben Sie wirklich, daß die Tiere ins Himmelreich kommen?

Das Thema des Friedensreiches läuft durch die ganze Bibel, bis hin zu Offenbarung 20 mit dem Tausendjährigen Friedensreich. Warum muß das umgedeutet werden von katholischen wie lutherischen Theologen? Das braucht man nicht umzudeuten, es steht hier klar und deutlich von einem Tausendjährigen Friedensreich geschrieben.

Auferstehung im »Jesaja-Evangelium« (Jes. 25). In diesem Kapitel wie auch bei Daniel und Hesekiel finden wir die kollektive Auferstehung. Die persönliche Auferstehung ist in mehreren Psalmen vorgedeutet. In Jesaja 53 ist Jesu Kreuz beschrieben und erklärt wie sonst nur in Psalm 22. Psalm 22 ist das Zentrum der ganzen Bibel, denn in ihm kommt alles zur Sprache: Kreuz, Auferstehung, Heiliger Geist, Weltmission, alles. Ein prophetischer Text Davids, vordere Prophetie. Jesaja 61 – Die Befreiung der Gefangenen.

Das sind nur ein paar Beispiele aus dem ganzen Jesaja-Evangelium, es atmet Evangeliumsluft. Alles Kommende ist in diesem Propheten-Buch niedergeschrieben, 700 Jahre vor Christus.

Und Israel versagt, trotz aller dieser Voraussagen. Israel versagt in der Wüste, das Volk schreit und will seinen eigenen Weg gehen, sein eigenes Essen haben, seine eigenen Gedanken verwirklichen. Israel versagt bei der Landnahme. Israel versagt, indem es einen König haben will, wie andere Völker. Israel versagt an den zentralen Götzen der Bibel; denken wir nur an den Tanz um das Goldene Kalb oder daran, daß sie dem Götzen Baal dienten.

Ein großer Götze unserer Zeit ist zum Beispiel die Lust, perverse Sexualität . . . Das ist Baal, der gefährlichste von allen Götzen. Und Israel versagt total. Und dann versagt Israel gegenüber Jesus, sie nehmen ihn nicht an. Wir müssen uns aber daran erinnern, daß alle Jünger Juden waren. Paulus war Jude, Maria war Jüdin. In der ersten Gemeinde, der Urgemeinde, gab es in den ersten drei Jahren nur Juden, die Christen waren. Es war eine jüdische Kirche. Aber das Volk als Ganzes hat versagt. Die Israeliten wollten nicht einen Gekreuzigten, sie wollten Befreiung von den Römern.

Das werden sie bekommen, wenn Jesus wiederkommen wird. Genau das, was Israel damals erwartet hat, wird es bekommen, denn Jesus ist nicht vor allem für Israel gekommen. Wie kann ich das als Jude sagen? Sicher, er ging durch das ganze Land, er wurde zuerst von den Weisen aus dem Osten als König der Juden angebetet. Er starb als König der Juden. Die erste Gemeinde bestand aus Juden. Aber er ist nicht vor allem für die Juden gekommen. Paulus sagt das sehr deutlich in Römer 11: Er hat eine Binde über die Augen meines Volkes gelegt. Wenn er das tut, dann bedeutet das, er wollte nicht, daß dieses Volk als Ganzes ihn annimmt, auch nicht die Mehrzahl. Das ist Gottes Entscheidung, nicht Israels. Das steht deutlich geschrieben in Römer 11, im Neuen Testament. Aber wenn Jesus wiederkommt, wird er genau so kommen, wie Israel ihn damals erwartet hat. Das ändert nichts an Israels Schuld. Aber das soll uns erkennen lassen, mit wem wir es zu tun haben. Denn viele unter uns haben auch ein falsches Jesus-Verständnis: Jesus ist nur der Liebende, Gute, Barmherzige, Gekreuzigte; viele glauben nicht an die Wiederkunft, nicht an das Gericht – »Was, Gericht! Und Krieg?! Gott ist doch der liebende Gott, der Gott des Friedens . . . usw.« Ich fürchte, daß das sogenannte »Christliche Abendland« genauso versagen wird gegenüber dem wiederkommenden Jesus, wie mein Volk bei seiner ersten Ankunft. Denn wir haben ein wahres Jesusbild zur falschen Zeit. Man muß hier sehr darauf achten, mit wem wir es zu tun haben und was seine Heilsgeschichte ist.

Und dann kam natürlich die Kirche, die triumphierende Kirche, und sagte: »Wir sind an die Stelle von Israel getreten.« Alle Kirchenväter haben antisemitische Aussagen gemacht. Man versucht heute in katholischen wie evangelischen Kreisen aus Augustin, der auch antisemitische Aussagen machte, etwas anderes als einen Antisemiten zu machen. Man kann es nicht tun. Augustin hat gesagt: »Warum gibt es immer Juden? Es gibt Juden als Beispiel für die ganze Welt, die sind die Gottesverräter, die haben ihn ans Kreuz genagelt. Deswegen läßt Gott sie immer leiden und hat uns immer vor Augen.« Das ist antisemitisch. Das ist ein sehr einseitiger Aspekt der Wahrheit, es ist eine halbe Wahrheit. Zu dem anderen Teil kommen wir noch. »Sein Blut komme über uns und unsere Kinder«, so hat Israel geschrien, und sie meinten Gottes Rache, wenn er wirklich Gott ist. Aber ich frage Sie als Christen: »Was ist Jesu Blut, Blut der Rache oder Blut der Versöhnung?« Ja, Blut der Versöhnung, und so ist das auch zu verstehen. Sie redeten prophetisch. »Einer muß sterben für das Volk«, so steht es im Johannesevangelium. Einer muß sterben für das Volk – sie meinten das böse, Gott meinte es nicht böse. Sein Blut wird über Israel kommen – und wird Israel erlösen.

Zu sagen, der jüdische Glaube sei nur für die Juden, der christliche für alle Völker, ist absoluter Unsinn. Denn das Alte Testament sagt sehr deutlich, daß der Gott Israels der Gott aller Völker ist und daß seine Verheißungen allen Völkern gelten. Und jeder gute Jude (es gibt gute und schlechte Juden, wie es in diesem Sinne gute und schlechte Christen gibt) weiß das. Es gibt schlechte Juden, die sagen: »Ha, die Gojim, was will Gott mit denen zu tun haben?« Gojim bedeutet: die Völker, die Nichtjuden. Aber die guten Juden haben immer gewußt, der Gott Israels ist für alle Völker da, und seine Zielsetzung gilt für alle Völker.

Und dann sagt man: »Die Juden haben das Gesetz, und wir haben das Evangelium.« Wo uns doch Paulus ganz klar und deutlich gezeigt hat, daß man das Evangelium nicht ohne das Gesetz haben kann. Und Paulus warnt uns sehr deutlich, indem er darauf hinweist, daß am Ende der Tage Gesetzlosigkeit herrschen wird. Das ist eine sehr wichtige Aussage – Gesetzlosigkeit. Das Gesetz hat eine sehr wichtige Rolle in bezug auf das Evangelium. In der Bergpredigt sagt Christus, daß der Mensch das Gesetz nicht erfüllen kann, sondern an ihm scheitert; und deswegen kommt er, um uns das Evangelium zu bringen. Aber nicht: Die Juden haben das Gesetz, und wir haben das Evangelium. Evangelium ohne Gesetz ist wie das Neue Testament ohne das Alte, etwas Halbes, aber nichts Ganzes. Evangelium geht nur über das Gesetz.

Betrachten wir Luther, den großen Mann. Wissen Sie, die großen Leute sind groß in allem, in ihren Ansichten wie in ihrer Schuld. Bei Luther zeigte sich die Größe bis hin zum beleibten Körper. Luther hat gesagt, wir sollen eine kleine Sünde pflegen, damit wir merken, daß wir keine Heiligen sind. Und er war ein übermäßiger Esser. Cranach schaffte es nicht, ihn auf seinen Bildern mit weniger als 200 Pfund zu malen. Schauen Sie die Cranach-Bilder an. Luther hat in einem Brief gesagt – das weiß ich von Professor Obermann, mit dem ich studiert habe, einem guten Luther-Kenner –: »Wenn Israel jemals zurückkommt und einen Staat gründet, dann werde ich mich beschneiden lassen.« Da ist nichts mehr zu beschneiden.

So lästerlich war Luther, der zuerst sehr judenfreundlich gewesen ist, aber am Schluß, als Israel sich nicht bekehrt hat . . . Luther hat Judenmissionare geschickt, und als die Juden sich nicht bekehrt haben, wurde Luther zum rabiaten Antisemiten und so benutzt im Dritten Reich hier. Es ist eine verhängnisvolle Sache mit manchen großen Menschen. Das ist eine sehr biblische Sache. Sehen wir uns die großen Menschen in der Bibel an: Mose – Totschläger, David – Ehebruch und Mord, Paulus – Mörder, auf dem Weg, ein Massenmörder zu werden. Sehen wir uns Gottes Helden der Bibel an. In einem Gebetsbuch von mir schreibe ich über vier Helden, »Gereift zu deiner Ernte« heißt das Buch. Die Helden sind die größten Versager, und sie leben allein aus der Gnade, nicht aus ihren Werken und ihrem Tun.

Aber »Berit«, einen Bund, hat Gott mit Israel gegründet. Heutzutage, in demokratischen Zeiten, denkt man, ein Bund sei etwas Demokratisches. Dieser Bund Gottes ist überhaupt nicht demokratisch. Hat Gott etwa zu Mose gesagt: »Mose, nimm die Gebote, die du nehmen willst, und die, welche du nicht nehmen willst, läßt du – wir machen einen Bund miteinander, du mußt entscheiden, du bist ein mündiger Mensch«? So hören wir heute oft den Ausspruch, auch von Theologen, »der mündige Mensch«. Der Herr hat zu Mose, der sehr unmündig war, gesagt: »Nimm!« Und Mose nahm die beiden Tafeln, auf denen die zehn Gebote standen.

Hat er zu Petrus und den anderen Jüngern gesagt: »Nehmet und esset, das ist mein Leib, und wenn ihr trinken wollt, dann könnt ihr trinken oder das auch lassen«? So hat er nicht gesagt. Er hat gesagt: »Nehmet und esset; nehmet und trinket.« »Berit«, Bund, das ist etwas von Gott Gegründetes, wofür Gott verantwortlich ist. Und selbst dann, wenn wir den Bund brechen, hält Gott zu seinem Bund.

Glauben Sie, wenn es um Werke ginge, um unsere Leistung,

daß Gott dann zum Neuen Bund heute stehen würde? Trotz aller möglichen Irrlehren, theologischen wie schwärmerischen, trotz Zersplitterung in alle möglichen Gemeinden und Gemeinschaften, Lauheit usw.? Glauben Sie, daß er zu uns halten würde? Unsere Vergehen Jesus gegenüber sind viel schlimmer als die Israels, denn Israel hat eine Binde über den Augen. Wir haben das nicht. Aber er hält zu uns, denn er stiftete den Bund, einen Bund, für den er sorgt. Es gibt keinen Bund, der gekündigt wurde. Hat er den Bund mit Noah gekündigt? Nein, denn das Zeichen, den Regenbogen, sehen wir immer wieder. Nicht wahr, dieser Bund ist auch nicht gekündigt. Ein Bund ist ewig. Wir finden wiederholt Stellen im Alten Testament, die besagen, wenn sie richtig verstanden und richtig übersetzt sind, daß der Alte Bund ein ewiger Bund ist, nicht nur der Neue. Da gibt es mindestens ein Dutzend Beispiele. Diese Texte werden umgedeutet, wie so vieles andere in der Bibel auch.

»Vergib ihnen, denn sie wissen nicht, was sie tun.« Das hat auch mit Israel zu tun.

Wie kann ich das behaupten, wenn das ganze Alte Testament mit Jesus zu tun hat? Weil es keine einzige Stelle im Alten Testament gibt, die sagt, daß der Messias zweimal kommt. Oh, das ist leicht und billig im Rückblick – Psalm 110 habe ich z. B. in meiner Gemeinde ausgelegt: Erste Ankunft – zweite Ankunft – beide Ankünfte – zweite Ankunft – erste Ankunft . . . Keine einzige Stelle, die deutlich klipp und klar sagt, daß der Messias zweimal kommt. Und wissen Sie, warum? Weil er nur einmal kommt für Israel, und das ist bei seiner Wiederkunft. Seine erste Ankunft ist für die Welt. Israel hat eine Binde über den Augen. Bei der ersten Ankunft kommt er, um die erste Tafel Mose endgültig zu erfüllen – Frieden mit dem Vater. Bei der zweiten Ankunft bringt er Weltfrieden mit dem Schwert, so ungern wir das hören. Die erste Ankunft für die Welt – die zweite für Israel. »Aber über das Haus David und über die Bürger Jerusalems will ich ausgießen den Geist der Gnade und des Gebets. Und sie werden mich ansehen, den sie durchbohrt haben . . .« (Sach 12,10). Die erste Ankunft ist gar nicht für Israel, sondern für uns. Israel hat ihn bei seinem ersten Kommen abgelehnt. Es geht um Gottes Treue. Wenn Gott Israel im Stich ließe, dann wäre er ein untreuer Gott. Denn er hat diese Treue ständig versprochen im

Alten Testament, trotz jeder Drohung. Und er gibt uns auch nicht auf. Der Feigenbaum, er bringt keine Früchte, trägt keine Blätter, er ist dürr zur Zeit Jesu. Aber wenn er Blätter treibt, dann ist der Sommer nah. Wir wissen sehr genau, mit dem Feigenbaum ist Israel gemeint, und Israel treibt jetzt Blätter, und der Sommer ist nah.

Römer 9,4: Paulus sagt uns, daß Israel nach Kreuz, Auferstehung und Heiligem Geist nicht nur immer noch erwählt ist, sondern ihm auch die Gaben gehören, ob das nun der Gottesdienst ist oder die Verheißungen ... Ja, sogar der Gottesdienst, wir lesen es in Römer 9,4. Wissen Sie, daß der Heilige Geist in der Synagoge ist? Ich habe das geschrieben in einer Predigtvorbereitungsreihe »Zuversicht und Stärke«, und keiner konnte einen Stein dagegen werfen, denn das ist biblisch. Der Gottesdienst gehört Israel immer noch. Ich meine nicht Psychologie und Politik, das ist Menschendienst. Ich rede von Gottesdienst, wenn Gott in den Mittelpunkt gestellt wird. Der Heilige Geist hat da eine ganz andere Funktion, keine missionarische in Israel, sondern eine Leidensfunktion, Israel durch diese schweren Leidenszeiten zu bringen, bis Gott mit diesem Volk ans Ziel kommt. Der Heilige Geist weht in den Synagogen, Römer 9,4; denn der Gottesdienst gehört Israel immer noch.

Römer 11: Israel hat eine Binde über den Augen. Wie lange? So lange, bis die Fülle der Heiden eingegangen ist. Dann wird die Auferstehung der Toten stattfinden und die Errettung Israels.

Welche Bedeutung hat Israel jetzt?

Wissen Sie, ich habe Kunstgeschichte studiert, und ich bin sehr dankbar dafür. Denn viele der besten Verkündiger, die wir haben, sind die berühmten Maler. Sie sehen Dinge, die wenige Theologen gesehen haben; Rembrandt zum Beispiel ist einer dieser großen Maler. Als er aufhörte, ein sozial fähiger Maler zu sein, das bedeutet, für die obere Schicht schöne Bilder zu malen, als er bankrott war, siedelte er um zu den Juden. Schwer werden es die Holländer den Deutschen vergeben, was diese den Juden angetan haben. Rembrandt war im Judenviertel, lebte unter Juden. Warum ging er unter die Juden? Weil er in dem Leiden des jüdischen Volkes das Leiden Jesu sah und in dem Leiden Jesu das Leiden des jüdischen Volkes. Er malte am Schluß nur Juden, außer seiner eigenen Familie. Rembrandt war ein Genie.

Er erkannte die Beziehung zwischen Strafe und Gnade und hatte ein ungeheuer tiefes Verständnis dafür, daß Israels ganzer Leidensweg nicht nur Strafe ist – das ist er auch. Ja, er ist Strafe, aber Strafen haben in der Bibel Reinigungsfunktion. Gottes Gericht und Gottes Gnade sind nicht zu trennen, Luther lehrt uns das. Und diese ständigen Gerichte über Israel sind Wege der Erleuchtung, der Reinigung, Vorbereitung, bis hin zu »Tröstet, tröstet mein Volk, denn es hat zweifach (oder man kann sagen sechsmillionenfach) gelitten für seine Schuld.« Wenn Sie nahe bei Golgatha stehen wollen, dann gehen Sie nach Auschwitz. Dort kommen Sie Golgatha menschlich gesehen am nächsten. Sicher ist es anders, Auschwitz ist nicht Golgatha. Golgatha ist das endgültige Erlösungsangebot für alle Völker. Auschwitz aber ist ein markanter Punkt auf dem Wege zur Wiederkunft Jesu. Mai 1945: das Ende des Dritten Reiches und Israels endgültigem Leiden. Mai 1948, drei Jahre danach: die Gründung des vormessianischen Staates Israel. Wer Ohren hat zu hören, der höre!

Israel ist und bleibt dreifach zu verstehen:

Man kann sagen, das ist unser älterer Bruder.

Man kann sagen, das ist unser geringster Bruder. Feinde um des Evangeliums willen, Geliebte um der Väter willen – der geringste Bruder. Nicht: Alle Menschen sind Brüder. Wo wird das gepredigt? Das sind Schiller und Beethoven, das ist die Aufklärung, das ist nicht die Bibel. Ich habe leibliche Schwestern (die lange über mich geherrscht haben), ich habe geistliche Brüder und Schwestern hier, die geringsten Brüder und Schwestern sind das Volk Israel. Brüder und Schwestern, weil sie denselben Gott haben. Geringste, weil sie das Evangelium noch nicht angenommen haben – aber geführt sind auf Wegen des Evangeliums, auf Leidens-, Kreuzeswegen. Ohne daß sie das wollen – denn wer will das Leiden? Ohne daß sie das wissen – nur ein Judenchrist fängt an zu merken, daß unsere Geschichte die Geschichte des Kreuzes ist.

Und man kann auch sagen, sie sind Brüder im Werden.

Sechs Propheten sagen: Am Ende der Tage kehren wir zurück. »Rahel weint um ihre Kinder« (Jeremia). Ein Text mit vielfacher Bedeutung, zu vielen verschiedenen Zeiten. Meine Schwester arbeitet unter solchen Rahels, Überlebenden vom Dritten Reich, Geschlagenen, Menschen, die nachts schweißgebadet aufwachen aufgrund dessen, was sie, ihre Kinder, ihre Eltern oder alle zusammen in der Vergangenheit an Üblem erlebt haben. Diese Rahel, die um ihre Kinder weint, wohnt in jeder Stadt, in der es viel jüdische Bevölkerung gibt, vor allem in New York, in Los Angeles, aber auch in Jerusalem und Tel Aviv.

»Und Gottes Hand kam über mich, und er führte mich auf ein weites Feld, und er sagte: ›Hesekiel, was siehst du?‹ Ich schaute, so weit ich sehen konnte, und ich sah nur tote Gebeine. Und der Herr sprach: ›Sprich, Hesekiel, daß Leben kommt in diese toten Gebeine.‹ Und ich sprach, und da war Leben, aber kein Geist, kein Odem. Und dann sprach ich aus Gottes Kraft, aus seinem Wort, und Leben kam, Geist kam, und sie standen auf, ein großes Heer. Und der Herr sagt, sie kehren zurück nach Israel.«

Luther und die lutherische Theologie sowie auch die katholische sagen, hier sei die Rückkehr von Babel gemeint. Wie kann man die Schrift so verfälschen! Denn es steht in Hesekiel 36: Sie kommen aus vier Himmelsrichtungen zurück. Von Babel her kommend, gibt es aber nur eine Himmelsrichtung. Laufend wird dieser Text erfüllt. Es ist die Rückkehr von Babel, als erstes; es ist die Rückkehr über Auschwitz, und es ist die Wegweisung zu der Auferstehung der Toten. Mindestens diese drei Bedeutungen treffen zu. Das hat Schalom Ben Chorin vor dem versammelten Lehrkörper der Theologischen Fakultät in Tübingen gesagt; ich war selbst dabei. Er ist der liberalste der liberalen Juden. Und die Theologen haben ihn nur angeguckt. Es ist selbstverständlich für jeden Juden, daß Hesekiel 37 die Rückkehr über Auschwitz bedeutet. Aber für diese Art von antisemitischer, lutherischer Theologie ist es das nicht. Ich bin Lutheraner, verstehen Sie mich recht, ich bin sehr lutherisch, konsequent lutherisch. Luther hat gesagt: »Ich bin kein Heiliger« – da hatte er ganz recht. Ich bin auch kein Heiliger. Luther hat den größten Durchbruch geschaffen, und er hat den größten Fehler gemacht, den verhängnisvollsten für dieses Volk. Wir sind keine Lutheraner in dem Sinne, daß Luther ein Heiliger, ein Gott für uns ist. Er hat ungeheuer große Fehler gemacht, und daraus müssen wir lernen. Sein Durchbruch, sein reformatorischer Durchbruch ist einmalig und tiefgründig, aber seine Fehler leider auch.

Israel erlebt ein geistliches Erwachen. Aus einem rein säkularen, modernen, politischen Staat ist Israel immer mehr zu einem

Glaubensstaat geworden, der mehr und mehr den Mut hat, gegen die Welt zu stehen. Denn ist das nicht zentral im Johannesevangelium, die Welt steht gegen die Urgemeinde und Israel als das endzeitliche Hab und Gut Jesu, mit der Gemeinde, mit der Braut, steht gegen die Welt? Oder sagen wir lieber, die Welt ist gegen Israel. Und der Lügengeist! Ein deutscher Journalist, ein Fernsehmann, hat einen Palästinenser dafür bezahlt, sich so zu geben, als wäre er tot, so daß man schreiben konnte: Die Juden haben dieses Kind umgebracht. Oder man liest in der Zeitung, nicht nur in Deutschland, auch in England, Frankreich, überall: Siebenjähriges Mädchen von den jüdischen Soldaten umgebracht! Aber man liest nicht, daß es eine Brandbombe in der Hand gehabt hat. Das ist ein Beispiel. Oder noch ein viel häufigeres Beispiel: Das Kind wird gehalten als Schild, von Männern, die dahinter stehen und mit Steinen werfen oder mit schwereren Waffen gegen die Soldaten vorgehen. Wenn die Soldaten dann schießen, zuerst mit Warnschüssen usw., dann halten sie ihre Kinder in die Luft. Wenn dann auf diese Art ein Kind stirbt, sagen sie: »Die Juden bringen die Kinder um.« Und dementsprechend werden sie diese Leute im Libanon behandeln. Die tun nichts für ihr eigenes Volk. Was werden sie mit unseren Kindern tun, wenn sie so mit ihren eigenen Kindern umgehen? Denken Sie einmal darüber nach! Ich liebe Kinder.

Gog aus Magog wird auftreten (Hes 38. 39; Sach 12. 14). Gog aus Magog – Magog ist das Land nördlich des Schwarzen Meeres. Vorsicht, was jetzt in Rußland, in der Ukraine usw. passiert! Der KGB hat seine Macht und Struktur nicht verloren und die russische Armee auch nicht. Mehrmals in der Geschichte, ja sogar in unserem Jahrhundert hat Rußland seine Gebiete, die ihm seit dem 18. Jahrhundert (seit Peter dem Großen) und aufgrund des Friedensschlusses zwischen der damaligen zaristischen Regierung und den Mittelmächten (Vertrag mit Kaiser Wilhelm) – Frieden von Brest Litowsk 1918 – weggenommen worden waren, unter dem Kommunismus wieder zurückgeholt. Ich bin sehr froh, daß die russischen Soldaten aus den neuen Bundesländern abgezogen worden sind. Aber wer gibt die Gewähr, daß es permanent so bleibt?

Iran (Persien) in Verbindung mit den Kuschiten, das ist ein Kennzeichen für Äthiopien, das ein fanatisch marxistisches Land war. Dieses Äthiopien war gegen Juden wie gegen Christen, die Mekane-Jesu-Kirche, die große, evangelistische, lutherische Kirche und die schwarzen Fellachen-Juden eingestellt. Aber die Kuschiten sind auch im Sudan. Und der Sudan wird immer mehr zu einem fundamentalistisch islamischen Staat.

Der letzte Krieg, den der Irak geführt hat, wäre der letzte gewesen, wenn Israel auf die Welt gehört hätte. Denn die Welt hat Israel ermahnt wegen der Bomben, die es 1981 auf den irakischen Atomreaktor geworfen hat. Wenn wir das nicht getan hätten, wäre der letzte Krieg der letzte gewesen, denn es wäre ein ABC-Krieg gewesen unter Saddam Hussein. Der nächste große Krieg im Nahen Osten wird das sein. Iran setzt alle erdenklichen Mittel und Wege ein, um die Technologie und die Kenntnisse aus der Sowjetunion zu bekommen. Und sie erhalten ihre Informationen etc. nicht nur von dort, sondern auch von Deutschland, auch von Amerika. Da gibt es alle möglichen Beziehungen und Verbindungen. Auch zu Libyen werden solche unterhalten. Diese Mächte und Kräfte stehen in Erwartung, Israel zu zerstören. Wir stehen vor dem letzten Krieg. Wir wissen, was in diesem letzten Krieg passieren wird. Die Feinde werden durchbrechen. Wir sind ein kleines Volk. Iran hat eine Bevölkerung von über 50 Millionen. Ägypten, das uns in den Rücken fallen wird, hat über 50 Millionen; fanatischer Islam wird da am Ende sein. Wir werden keine Atomwaffen benutzen – wir besitzen zwar welche, denn wir haben viele der besten Atomwissenschaftler der Welt in Israel.

Unter den amerikanischen Juden sind die Spitzenleute auf dem Gebiet der Atomwissenschaft. Aber das nützt uns nichts, denn wir werden das niemals tun. Die Feinde brechen durch, bis nach Jerusalem hinein. So steht es in der Bibel. Und was passiert dann? Israel wird schreien. Wie durch die ganze Geschichte meines Volkes, *schreien: Rette uns, hilf uns!* Und ihr Glaube wird Berge versetzen – buchstäblich. Denn Jesus Christus, der König der Juden, wird mit Macht kommen, zum Ölberg. Wo ihr ihn habt weggehen sehen, da wird er wiederkommen. Sacharja 14: Der Ölberg wird sich spalten. Und der Herr wird alle Völker schlagen, die gegen Israel in den Kampf gezogen sind. Israel wird den Herrn annehmen, den sie durchbohrt haben, Jesus, den einzigen Sohn Gottes. Und der Geist der Gnade und des Gebets wird ausgegossen werden über ganz Israel. Wer wird die Juden taufen? Nicht

Judenmissionare, die haben es sehr schwer. Der größte, der wahre Judenmissionar, Jesus Christus, wird das mit Vollmacht tun. Wenn das Gericht, das schreckliche Gericht, das in Hesekiel 38 und 39 genau beschrieben wird, an den Feinden vollzogen ist und auch das Gericht, von dem in Sacharja 12 und 14 geschrieben steht, vorüber ist, fängt unter der Herrschaft Jesu das Tausendjährige Friedensreich an, nach dem wir alle eine große Sehnsucht haben.

Wahre und falsche Hirten

*Und des Herrn Wort geschah zu mir: Du Menschenkind,
weissage gegen die Hirten Israels, weissage und sprich zu
ihnen: So spricht Gott der Herr: Wehe den Hirten Israels,
die sich selbst weiden! Sollen die Hirten nicht die Herde
weiden? Aber ihr eßt das Fett und kleidet euch mit der Wolle
und schlachtet das Gemästete, aber die Schafe wollt ihr
nicht weiden. Das Schwache stärkt ihr nicht, und das Kranke heilt ihr nicht, das Verwundete verbindet ihr nicht, das
Verirrte holt ihr nicht zurück und das Verlorene sucht ihr
nicht; das Starke aber tretet ihr nieder mit Gewalt. Und
meine Schafe sind zerstreut, weil sie keinen Hirten haben,
und sind allen wilden Tieren zum Fraß geworden und zerstreut. Sie irren umher auf allen Bergen und auf allen hohen
Hügeln und sind über das ganze Land zerstreut, und niemand ist da, der nach ihnen fragt oder auf sie achtet.*

*Darum hört, ihr Hirten, des Herrn Wort! So wahr ich
lebe, spricht Gott der Herr: Weil meine Schafe zum Raub
geworden sind und meine Herde zum Fraß für alle wilden
Tiere, weil sie keine Hirten hatten und meine Hirten nach
meiner Herde nicht fragten, sondern die Hirten sich selbst
weideten, aber meine Schafe nicht weideten, darum, ihr
Hirten, hört des Herrn Wort! So spricht Gott der Herr:
Siehe, ich will an die Hirten und will meine Herde von ihren
Händen fordern; ich will ein Ende damit machen, daß sie
Hirten sind, und sie sollen sich nicht mehr selbst weiden.
Ich will meine Schafe erretten aus ihrem Rachen, daß sie
sie nicht mehr fressen sollen.*

*Denn so spricht Gott der Herr: Siehe, ich will mich
meiner Herde selbst annehmen und sie suchen. Wie ein
Hirte seine Schafe sucht, wenn sie von seiner Herde verirrt
sind, so will ich meine Schafe suchen und will sie erretten
von allen Orten, wohin sie zerstreut waren zur Zeit, als es
trüb und finster war. Ich will sie aus allen Völkern herausführen und aus allen Ländern sammeln und will sie in ihr*

Land bringen und will sie weiden auf den Bergen Israels,
in den Tälern und an allen Plätzen des Landes. Ich will sie
auf die beste Weide führen, und auf den hohen Bergen in
Israel sollen ihre Auen sein; da werden sie auf guten Auen
lagern und fette Weide haben auf den Bergen Israels. Ich
selbst will meine Schafe weiden, und ich will sie lagern
lassen, spricht Gott der Herr. Ich will das Verlorene wieder
suchen und das Verirrte zurückbringen und das Verwundete
verbinden und das Schwache stärken und, was fett und stark
ist, behüten; ich will sie weiden, wie es recht ist.

Hesekiel 34,1–16

Der Text in Hesekiel 34,1–16 steht in einer zentralen alttestamentlichen, ja biblischen Tradition. Wie viele Propheten haben zum
Beispiel den Hirten Israels vorgeworfen, daß der Grund für die
große Schuld und die großen Probleme des Gottesvolkes in dem
Versagen der Hirten zu suchen ist. Aber wir Hirten des Neuen
Bundes sollten diese Aussagen nicht nur historisch verstehen,
sondern auch in bezug auf uns selbst, auf unser Versagen, denn
ein zentraler Grund der Wiederkunft Jesu liegt gerade in unserem
Versagen, welches dem Versagen der Hirten Israels sehr ähnlich
ist.

Dieser Text ist so dicht, so beladen mit grundsätzlichen Aussagen, daß wir versuchen müssen, auf den wesentlichen Nenner zu
kommen: »Wehe den Hirten Israels, die sich selbst weiden! Sollen
die Hirten nicht die Herde weiden? Aber ihr eßt das Fett und
kleidet euch mit der Wolle und schlachtet das Gemästete, aber die
Schafe wollt ihr nicht weiden.« In einem Gespräch erzählte mir
mein Vater neulich über die Gehälter vieler Rabbiner in Amerika.
Viele verdienen weitaus mehr als sogar Leute aus dem oberen
Viertel der Reichen in den USA. Mein Vater meinte dazu: »Weil
die Rabbiner so gut bezahlt werden, wird dieser Beruf großes
Ansehen bekommen, werden die bestqualifiziertesten Menschen
dafür gewonnen. Und deshalb, weil sie so gut bezahlt werden,
werden sie aus Dankbarkeit ihre Herde besser weiden.« Ich erwi-
derte:»Wenn man so gut bezahlt wird in einem solchen Beruf,
dann werden eher nicht gottesfürchtige Menschen angelockt, sondern gerade die, welche Materialisten sind, nämlich solche, die in
unserem Text erwähnt werden, die ›sich selbst weiden‹, ihre

eigenen Interessen verfolgen, vor allem im materiellen Sinne.«
»Sich selbst weiden« bedeutet: unsere Ziele verfolgen auf Kosten
der Menschen, welche uns anvertraut sind. Es gibt zum Beispiel
Pfarrer, die in diesem und jenem sozialen und politischen Gremi-
um so engagiert sind, daß sie kaum noch Zeit haben, ihre Gemein-
deglieder zu besuchen – »Das Schwache stärkt ihr nicht, und das
Kranke heilt ihr nicht, das Verwundete verbindet ihr nicht, das
Verirrte holt ihr nicht zurück, und das Verlorene sucht ihr nicht;
das Starke aber tretet ihr nieder mit Gewalt.«

Wenn wir das Hirtenamt im Sinne des Pfarrers oder damals des
Rabbiners auffassen als Priesterdienst, dann ist es sehr wichtig,
daß solche Hirten vor allem an dem Ort sind, an dem sie den
Gläubigen am besten dienen können. Wo ist das eigentlich, in
welcher Arbeit? Selbstverständlich geschieht dieses Dienen durch
das Wort, das gepredigte Wort, das gebetete Wort, das Wort des
Trostes beim Krankenbesuch. Ich muß persönlich zugestehen,
daß ich als Pfarrer und sicherlich als Mensch Schwächen und
Fehler habe, und ich glaube, daß nach 15 Jahren Dienst hier in
meiner Gemeinde diese Schwächen und Fehler mehr als wohlbe-
kannt sind. Aber ich werde niemals vergessen, was der Kirchen-
gemeinderat betont hat, als ich hierherkam zu einem Vorstellungs-
gespräch:»Wir wollen einen Seelsorger haben.« Das bedeutet:
Wir wollen jemanden haben, der sein Amt vor allem in Beziehung
zu Gottes Wort sieht, zum Gebet, zum Besuch der Menschen in
Not. Wie viele Pfarrer vergraben sich in das Geschäft der Verwal-
tung, Arbeit mit Papier, natürlich notwendige Arbeit, aber trotzdem mit Papier. Wie viele Pfarrer stellen im Zentrum ihres Auf-
trags, in der Wortverkündigung, nicht Christus in den Mittelpunkt,
nicht seine Kraft der Liebe, der Vergebung, sondern besondere
politische und soziale, menschliche Anliegen? Waren die Hirten
Israels denn anders? In den meisten Fällen nicht, mindestens sieht
es so eine Anzahl von Propheten, welche direkt vom Herrn mit
dem lebendigen Wort beauftragt waren.

Ist nicht gerade dieses Prophetenamt das wahre und tiefe Verständnis vom Hirten im Neuen Bund? Sind wir nicht, wie die
Propheten, verpflichtet, Gottes Wort mit all seiner Schärfe zu
verkündigen, aber damit auch mit all seinem Trost? Melanchthon,
Luthers großer Weggenosse, sah Martin Luther als den Propheten
seiner Zeit. Aber Luther hat nie Visionen der Zukunft von Gottes

Heilsplan bekommen wie die biblischen Propheten, wie hier Hesekiel in seiner Sicht des endgültigen Hirten. Nein, aber Luther predigte mit aller Deutlichkeit Gottes lebendiges Wort seinem Volk in seiner Zeit. Das bedeutet: nicht vom Zeitgeist her, sondern wie Luther ständig betont, nur von der Schrift her, von einem ganzheitlichen Schriftverständnis her mit Christus als dem Mittelpunkt. Denn wie bekommen wir wirklichen Trost? Geschieht das, indem unsere Wege gutgeheißen werden, indem wir Selbstbestätigung bekommen in unseren Wegen? – Nein, gerade dieser Text tut genau das Gegenteil, und zwar in bezug auf Israels Hirten. Soll Gottes Wort dann wie ein politisches Fernsehprogramm mit guten politischen Rezepten sein? – Nein, denn alle Politik der Hirten Israels lehnte Jesus grundsätzlich ab, vor allem die politische Befreiung von der schrecklichen Knechtschaft unter den Römern. Soll dann aus psychologischer Einsicht und Rezepten, welche letzten Endes menschliches Gutdünken sind, Trost kommen? – Nein, denn der Mensch kann weder sich selbst erlösen noch von seiner Schuld freikommen durch das Wort von Menschen, welche selbst schuldbeladen sind.

»Hirte« im biblischen Sinne bedeutet dann: sich dem Herrn ganz und gar unterwerfen, wie die Propheten, und, wie ich meine, seinem Wort als unserer Weisheit, als unserer Wegweisung zum Leben und ewigen Leben. Nur wenn wir den Herrn predigen, seine Heiligkeit, seine Gerechtigkeit und sein Gericht, zeigen wir der Herde den Weg zu Gottes Trost und zu seinem Heil. Die Propheten taten gerade das, als die wahren Hirten Israels, gegenüber den falschen Hirten. Sie predigten mit aller Härte und Schärfe Gottes Gericht gegen unser Selbstweiden, gegen unsere eigenen Wege und Ziele. Aber, indem sie die Heiligkeit des Gottes Israels predigten, zur Buße riefen, öffneten sie durch das Wort den Weg zur Umkehr zu unserem Herrn, der uns allein wahren Trost, Heil, Geborgenheit und Zukunft bieten kann. Er wartet auf uns verlorene Sünder, auch auf uns Hirten, daß wir zurückfinden als verlorene Söhne und Töchter zu seinen segnenden Händen, zu seiner väterlichen Liebe.

Und gerade Jesus Christus ist damit Zentrum, Angelpunkt dieses Textes: sein zukünftiges Heil, sein zukünftiger Weg als unser endgültiger Hirte. Seine Hirten können nur auf ihn weisen, können nur sein richtendes und rettendes Wort predigen, den Weg zu wahrem Trost und Heil. Aber dieser Trost und dieses Heil sind in ihm allein, in dem Wort, welches in ihm Fleisch geworden ist. Und so spricht Christus, unser wahrer, endgültiger, wiederkommender Hirte: »Ich will das Verlorene wieder suchen und das Verirrte zurückbringen und das Verwundete verbinden und das Schwache stärken und, was fett und stark ist, behüten; ich will sie weiden, wie es recht ist.«

Jeder menschliche Hirte ist in sich total begrenzt, denn wir alle sind schwache und sündige Menschen, welche oft genug sich selbst weiden – und Luther redet mit Recht über allgemeines Priestertum, Priestertum aller Gläubigen. Aber nur dann, wenn wir unsere eigene Schwachheit, Sünde erkennen, können wir vollmächtig seine grenzenlose Macht und Liebe predigen. Nur dann hören wir auf, uns selbst zu weiden, und weisen auf unseren großen Herrn, wie es ihm gebührt.

Wie sieht es heute aus mit seiner Herde, welche uns anvertraut ist? Wie viele echte Christen gibt es unter uns, deren Leben nicht vom eigenen Verstand und Gefühl, von eigenen Wünschen und Wegen bestimmt ist, sondern von Gottes Wort? Und wie viele verlockende Angebote eines vermeintlichen Heils gibt es in unserer endzeitlichen Welt! »Und meine Schafe sind zerstreut, weil sie keinen Hirten haben, und sind allen wilden Tieren zum Fraß geworden und zerstreut. Sie irren umher auf allen Bergen und auf allen hohen Hügeln und sind über das ganze Land zerstreut, und niemand ist da, der nach ihnen fragt oder auf sie achtet.« Ja, wie wenige Menschen hier in Deutschland haben das Evangelium wirklich gehört, das Wort, das Befreiung von uns selbst, von unserem Sich-selbst-Weiden bringt. Und wie viele sind dem mächtigsten biblischen Götzen der Lust, dem Baal, täglich ausgesetzt durch die Medien! Und wir Pfarrer müssen uns selbst fragen, inwiefern wir das Evangelium Jesu Christi und nicht unsere eigenen Gedanken und Wege gepredigt haben.

Und vergessen wir auch nicht, daß dieser Text, wie so viele in der Bibel, Israels Endzeit beinhaltet, nicht nur die erste Ankunft Jesu, sondern seine Hinwendung zu Israel mit seiner Wiederkunft: »So will ich meine Schafe suchen und will sie erretten von allen Orten, wohin sie zerstreut waren zur Zeit, als es trüb und finster war. Ich will sie aus allen Völkern herausführen und aus allen Ländern sammeln und will sie in ihr Land bringen und will sie weiden auf den Bergen Israels, in den Tälern und an allen Plätzen des Landes.«

Ja, Herr Jesus, du unser wahrer Hirte, unser wahrer Trost und unser Heil, gib deinen eingesetzten Hirten hier Einsicht, daß sie dich, dein Kreuz, dein Heil klar und deutlich verkündigen. Ja, Herr Jesus, du König der Juden, komme, ja komme bald, dein erstgeliebtes Volk zu retten, zu weiden in deinem anbrechenden Friedensreich.

Buße – was bedeutet das?

Im fünfzehnten Jahr der Herrschaft des Kaisers Tiberius, als Pontius Pilatus Statthalter in Judäa war und Herodes Landesfürst von Galiläa und sein Bruder Philippus Landesfürst von Ituräa und der Landschaft Trachonitis und Lysanias Landesfürst von Abilene, als Hannas und Kaiphas Hohepriester waren, da geschah das Wort Gottes zu Johannes, dem Sohn des Zacharias, in der Wüste. Und er kam in die ganze Gegend um den Jordan und predigte die Taufe der Buße zur Vergebung der Sünden, wie geschrieben steht im Buch der Reden des Propheten Jesaja (Jes. 40,3–5): »Es ist eine Stimme eines Predigers in der Wüste: Bereitet den Weg des Herrn und macht seine Steige eben! Alle Täler sollen erhöht werden, und alle Berge und Hügel sollen erniedrigt werden; und was krumm ist, soll gerade werden, und was uneben ist soll ebener Weg werden. Und alle Menschen werden den Heiland Gottes sehen.«

Da sprach Johannes zu der Menge, die hinausging, um sich von ihm taufen zu lassen: Ihr Schlangenbrut, wer hat denn euch gewiß gemacht, daß ihr dem künftigen Zorn entrinnen werdet? Seht zu, bringt rechtschaffene Früchte der Buße; und nehmt euch nicht vor zu sagen: Wir haben Abraham zum Vater. Denn ich sage euch: Gott kann dem Abraham aus diesen Steinen Kinder erwecken. Es ist schon die Axt den Bäumen an die Wurzel gelegt; jeder Baum, der nicht gute Frucht bringt, wird abgehauen und ins Feuer geworfen.

Und die Menge fragte ihn und sprach: Was sollen wir denn tun? Er antwortete und sprach zu ihnen: Wer zwei Hemden hat, der gebe dem, der keines hat; und wer zu essen hat, tue ebenso. Es kamen auch die Zöllner, um sich taufen zu lassen, und sprachen zu ihm: Meister, was sollen denn wir tun? Er sprach zu ihnen: Fordert nicht mehr, als euch vorgeschrieben ist! Da fragten ihn auch die Soldaten und

sprachen: Was sollen denn wir tun? Und er sprach zu ihnen:
Tut niemandem Gewalt oder Unrecht und laßt euch genügen
an eurem Sold!   Lukas 3,1–14

Es gibt guten Grund zu glauben, daß die Wüste, in der Johannes sich aufgehalten hat, den Ort bei den Essenern meint, den wir heute als Qumran bezeichnen, denn Johannes' Betonung der Taufe und seine Praktiken ähneln sehr denen der Essener. Die Essener haben sich sogar jeden Tag getauft, und zwar als Akt der Buße in Vorbereitung auf den Messias. Genauso ging Johannes in seiner Taufe der Buße vor. Ich stelle es mir so vor, daß die Stimme des Herrn einmal an Johannes bei den Essenern ergangen ist (die Essener lebten mit einer brennenden Endzeiterwartung) und daß diese Stimme des Herrn Johannes sehr persönlich rief, den Messias zu finden und das Volk zu taufen als Bußtat in Vorbereitung auf das Kommen des Messias.

»Da geschah das Wort Gottes zu Johannes, dem Sohn des Zacharias, in der Wüste. Und er kam in die ganze Gegend um den Jordan und predigte die Taufe der Buße zur Vergebung der Sünden.«

Warum zum Jordan? Weil fließendes Wasser durch die ganze Bibel das Zeichen ist für Leben, Tod und Reinheit. Und die Taufe des Johannes wird durch Buße den Tod des alten, des sündigen Menschen in uns vorbereiten und damit den Weg zum neuen Leben der Reinheit, welches der Messias bringen wird. Johannes wird auch Jesus am Jordan taufen, und hier wird der Vater bezeugen: »Du bist mein lieber Sohn, an dir habe ich Wohlgefallen.« Und Johannes wird als letzter und vollmächtigster Prophet des Alten Bundes bezeugen, daß er nicht würdig ist, die Riemen an Jesu Schuhen zu lösen. Hier sind zwei Zeugen der Göttlichkeit Jesu: ein himmlischer (Gott Vater) und ein irdischer (Johannes), denn Jesus ist wahrer Gott und wahrer Mensch. Und Jesus wird durch seinen Tod die endgültige Reinheit bringen für uns, damit wir in ihm Leben, ja ewiges Leben haben. Deswegen der Jordan als Ort der Reinheit (wir denken an den Heiden Naaman, der aussätzig war und nach dem Wort des Propheten Elisa siebenmal im Jordan untertauchte), und deswegen diese Buße als Vorbereitung auf das Kommen des Messias.

Es steht ein langes Zitat im Jesaja-Evangelium, Kapitel 40: »Bereitet den Weg des Herrn« – das bedeutet: Tut Buße und bringt aus Gottes Kraft Früchte der Buße hervor. »Alle Täler sollen erhöht werden, und alle Berge und Hügel sollen erniedrigt werden« – das bedeutet: Wer sich selbst erhöht, wird erniedrigt werden, und wer sich selbst erniedrigt vor dem Herrn in Buße, wird erhöht werden. »Und was uneben ist, soll gerade, und was hügelig ist, soll eben werden.« Krumme und unebene Wege führen weg vom geraden, schmalen Weg der Nachfolge. Sie sind unehrliche, unaufrichtige Wege. Und so muß später Paulus, der zuerst krumme Wege ging, in der »Geraden Straße« getauft werden, daß er dann neue, gerade Wege gehen kann. Das sind Auswirkungen von Buße. »Und alle Menschen werden den Heiland Gottes sehen.« Hier wird gezeigt, daß die Botschaft des Messias nicht nur für Israel sein wird, was auch bezeugt wird durch alttestamentliche Aussagen, wie: »Abraham, in dir sollen gesegnet werden alle Geschlechter auf Erden«, oder »er wird ein Held für die Heiden sein«, oder »er wird ein Licht für die Heiden sein«. Und das alles wird seine Bahn ziehen bis hin zu Jesu Bekenntnis über den Hauptmann von Kapernaum – »Solchen Glauben habe ich in Israel bei keinem gefunden.« – und wird dann endgültig sein durch den Missionsbefehl des auferstandenen Christus an seine Jünger, zu allen Völkern zu gehen.

Und dann nimmt die Predigt von Johannes Töne an, welche Christen vielleicht schockieren. Wie zum Beispiel würden Sie reagieren, wenn meine Predigt nicht mit »Liebe Gemeinde« anfinge, sondern wie hier bei Johannes mit »Ihr Schlangenbrut«? Und wie würden Sie reagieren, wenn es hieße, daß die Axt den Bäumen an die Wurzel gelegt ist und daß Sie sich nicht durch Ihren Taufschein retten können vom Gericht, genausowenig wie die Juden sich retten konnten und können, weil sie »Söhne Abrahams« sind?

Und dann kommt die Frage: »Was sollen wir tun?« Diese Frage ist aber gestellt in einem bestimmten Rahmen, nämlich, nachdem sie Buße getan hatten für ihre Sünden. Zuerst vor dem Herrn Buße tun, Sünde bekennen; aber dann auch danach handeln. Das bedeutet: Zuerst müssen wir unser Leben mit dem Herrn in Ordnung bringen und dann mit unserem Nächsten – die zwei Tafeln Mose, nicht wahr! Johannes verlangt Konsequenzen, gerade die, welche die bestimmte Gruppierung angehen: Die Zöllner sollen nicht mehr fordern, als vorgeschrieben ist; die Soldaten sollen niemand Gewalt oder Unrecht tun ...

Was bedeuten solche Aussagen für uns heute, kurz vor der Wiederkunft unseres Herrn, und zwar zum Advent? Zuerst: Es gibt immer noch, Gott sei Dank, immer noch Stimmen in der Wüste, welche zur Buße rufen. Buße ist das erste Werk des Glaubens, wie es im Neuen Testament steht. Nicht nur Johannes hat zuerst zur Buße gerufen, sondern auch Jesus. Und Martin Luthers erste der 95 Thesen hat es mit Buße zu tun. Glaube meint nicht nur Tun, gute Werke, Armen und Randgruppen helfen. *Glaube fängt nicht mit unserem Tun an, sondern mit Buße.* Was ist dann Buße? Buße setzt voraus, daß ich an den Herrn glaube, an Jesus Christus, der meine Sünde für mich ans Kreuz getragen hat. Buße bedeutet jetzt, nach Christi Kreuzestod, daß ich sein Kreuz, sein Heil in Anspruch nehme – »Und alle Menschen werden den *Heiland* Gottes sehen.« Gottes Wort muß mich dann richten, die Tiefe meiner Gottesferne offenbaren, denn »was uneben ist, soll gerade werden«. Das kann nur geschehen, wie Jesus es uns sagt, indem wir zuerst den Balken aus unserem eigenen Auge entfernen. Christsein bedeutet vor allem, zu leiden an dem, was unvollkommen in uns selbst ist, ehrlich mit uns selbst zu werden. Aber dieser Weg der Buße bedeutet letzten Endes Freude, denn der Herr Jesus will diese ganze Last der Sünde auf sich nehmen, damit wir frei werden. Buße tun können wir durch Gebet, beim Abendmahl oder in sehr schweren Fällen durch ein persönliches Gespräch mit einem Geistlichen, welches dann zur Absolution und möglicherweise zum privaten Abendmahl führen kann oder soll. Der Weg zu Johannes am Jordan, zur Buße, ist uns auf dreifache Weise geöffnet, aber wie wenig erlebe ich als Geistlicher, daß diese offene Tür tatsächlich benutzt wird. Wieviel Selbstgerechtigkeit und Selbstsicherheit herrscht unter uns. Wie wenig sind wir bereit, die Probleme zuerst bei uns selbst zu sehen, nicht bei unserer Schwiegermutter oder unserem Nachbarn.

Deswegen auch diese harte Anrede, »Schlangenbrut«, und die Ansage des kommenden Gerichts. Aber wer ist heute über sich selbst zerknirscht, außer denen, die das krankhaft tun, nicht indem sie Buße vollziehen, sondern nur sich selbst anklagen, ohne Jesu Heil in Anspruch zu nehmen. *Buße ist der Weg der Befreiung.*

Aber wie Johannes uns deutlich zeigt, ist Buße allein nicht genug, sondern sie verlangt Konsequenzen. Eigentlich betont Johannes selbst das nicht so sehr, sondern seine bußetuende »Gemeinde«. »Was sollen wir tun?« fragen alle. So wird in der Apostelgeschichte diese Frage auch vom Kerkermeister gestellt, und die Antwort heißt: Taufe und Glaube. *Aber hier wird Glaube buchstabiert.* Glaube bedeutet Buße, indem wir Gottes Herrschaft über uns erkennen, anerkennen, und indem wir dann als Christen Jesu Kreuzestat in Anspruch nehmen zur Vergebung unserer Sünden. Aber Johannes der Täufer, wie Jakobus nach ihm, legt auch großen Wert auf einen Nachvollzug der Buße in der Praxis. *Glaube, welcher keine Werke nach sich zieht, ist tot, ist Selbstzweck.* Zuerst verlangt Johannes das Teilen mit den Menschen in Not: »Wer zwei Hemden hat, der gebe dem, der keines hat; und wer zu essen hat, tue ebenso.« Aber dann, als hinweisende Antwort auf spezifische Gruppen in der Gesellschaft, und zwar die, welche besonders bekannt waren wegen ihres schlechten Lebenswandels, sagt Johannes im Sinne des Gesetzes: »Du sollst nicht . . .« Jesus tut das gleiche auch, indem er zu einem neuen Lebenssinn und auch zu einem neuen Lebenswandel ruft. Zuerst Buße, Vergebung und dann Konsequenzen.

Ich brauche hier dieses Thema nicht zu buchstabieren. *Wir alle wissen, wann, wo und warum wir manchmal ein schlechtes Gewissen bekommen. Hier sind die Punkte, wo Änderungen notwendig sind.* Aber bitte, glauben Sie nicht, daß Ihre Änderung, Ihr Tun zugleich Ihr Heil bedeutet! Erstens, weil das Heil nicht von uns, sondern von Christus kommt; zweitens, weil Heil nur aus Buße unserem Heiland Jesus Christus gegenüber kommt; und drittens, weil keiner von uns ein Engel ist oder sein wird hier auf Erden.

»Es ist eine Stimme eines Predigers in der Wüste: Bereitet den Weg des Herrn und macht seine Steige eben . . . und alle Menschen werden den Heiland Gottes sehen.«

Lobgesänge »israelitischer« Frauen

Sie alle haben schon irgendwann einmal Bilder der Verkündigung der Geburt Jesu gesehen, als der Engel Gabriel zu Maria kommt und ihr mitteilt, daß sie Jesus, unseren Heiland, gebären wird. Wenn Sie sich an diese Bilder erinnern, vor allem an diejenigen aus mittelalterlicher Zeit, können Sie eines beobachten: Maria ist immer in einem Kämmerlein. Der Engel kommt zu ihr herein, und sie ist dabei, ein Buch zu lesen. Das Buch, das sie liest, ist natürlich Gottes Wort. Selbstverständlich haben die jüdischen Rabbiner großen Anstoß an diesem Bild genommen, denn sie haben gesagt, die Frauen in Israel zu Marias Zeit konnten nicht hebräisch lesen. Wie soll sie dann ein Buch bei sich gehabt haben, um Gottes Wort zu lesen? Ich möchte heute den Beweis geben, daß Maria tatsächlich hebräisch lesen konnte, oder inwendig konnte, und daß sie ein Buch bei sich gehabt hat, und zwar die jüdische Bibel, das Alte Testament. Denn das Magnifikat Marias, welches wir aus dem Lukasevangelium kennen, hat einen alttestamentlichen Hintergrund, und zwar einen dreifachen. Betrachten wir die Lobgesänge der Mirjam – Moses Schwester – , der Debora – der großen Richterin –, und der Hanna – der Mutter des Samuel –: Alle drei Lobgesänge zeigen den Weg zu Marias Magnifikat. Marias Loblied ist nicht plötzlich aus dem Nichts entstanden. Alles, was im Neuen Testament steht, hat einen alttestamentlichen Hintergrund, und dieser Lobgesang Marias hat einen tiefen und dreifachen Hintergrund:

Der erste Lobgesang, der Mirjams, ist sehr kurz. Der zweite, Deboras Lobgesang, ist sehr lang; und der dritte, Hannas Lied, trägt sehr ähnliche Züge wie das Magnifikat.

Zum rechten Verständnis des Magnifikats muß man dessen Entwicklung betrachten. Schade, wenn man das Magnifikat hört, ohne diese Vorstufe, diesen Hintergrund zu kennen. Ich lese *Mirjams* Lied aus 2. Mose 15,20.21:

Da nahm Mirjam, die Prophetin, Aarons Schwester, eine Pauke in ihre Hand, und alle Frauen folgten ihr nach mit

Pauken im Reigen. Und Mirjam sang ihnen vor: Laßt uns dem Herrn singen, denn er hat eine herrliche Tat getan, Roß und Mann hat er ins Meer gestürzt.

Es ist ein sehr kurzes, aber sehr treffendes Lied und der Anfang des Weges zu dem endgültigen Loblied, Marias Magnifikat. Nebenbei bemerkt, das Wort Maria kommt von Mirjam. Mirjam und Maria sind verwandte Namen. Maria ist eine moderne Abwandlung des alten Namens Mirjam.

1. In diesem Lied nach der großen Errettung am Roten Meer sehen wir folgende Eigenschaften: Erstens, es ist sehr kurz. Zweitens, es steht im Schatten eines Liedes, das ein Mann gesungen hat. Wer wird das sein? Mose, Mirjams jüngerer Bruder.
2. Dieses Lied ist ein Kriegslied. Es wird von Kriegstanz, Pauken und Reigen, begleitet, um dem Herrn zu singen. Es ist ein Lied über Gottes Sieg. So ist auch das Magnifikat ein Lied über Gottes Sieg, aber auf ganz andere Art und Weise.
3. Dieses Lied besingt den Herrn als Sieger über Israels Feinde. Er hat Roß und Mann ins Meer geworfen.

Ich wiederhole: Kurz – im Schatten von Mose.
Es ist ein Kriegslied – mit Begleitung von Tanz und Pauken.
Es ist ein Lied, den Herrn zu feiern als Sieger über Israels Feinde.

Jetzt gehen wir einen Schritt weiter zu Richter 5. Dies ist ein sehr langer Text, der in seiner Aussage eine sehr deutliche Entwicklung zeigt; auch er stammt von einer Frau. Alle diese Lieder, diese Lobgesänge, kommen von Frauen.

Richter 5 – *Deboras* Siegeslied:

Da sangen Debora und Barak, der Sohn Abinoams, zu jener Zeit: Lobet den Herrn, daß man sich in Israel zum Kampf rüstete und das Volk willig dazu gewesen ist. Höret zu, ihr Könige, und merket auf, ihr Fürsten! Ich will singen, dem

Herrn will ich singen, dem Herrn, dem Gott Israels, will ich spielen.

Herr, als du von Seir auszogst und einhergingst vom Gefilde Edoms, da erzitterte die Erde, der Himmel troff, und die Wolken troffen von Wasser. Die Berge wankten vor dem Herrn, der Sinai vor dem Herrn, dem Gott Israels.

Zu den Zeiten Schamgars, des Sohnes Anats, zu den Zeiten Jaëls (Dayans Tochter ist nach ihr genannt, Jael) *waren verlassen die Wege, und die da auf Straßen gehen sollten, die wanderten auf ungebahnten Wegen. Still war's bei den Bauern, ja still in Israel, bis du, Debora, aufstandest, eine Mutter in Israel. Man erwählte sich neue Götter; es gab kein Brot in den Toren. Es war kein Schild noch Speer unter vierzigtausend in Israel zu sehen.*

Mein Herz ist mit den Gebietern Israels, mit denen, die willig waren unter dem Volk. Lobet den Herrn! Die ihr auf weißen Eselinnen reitet, die ihr auf Teppichen sitzet und die ihr auf dem Wege geht: Singet! Horch, wie sie jubeln unter den Tränkrinnen! Da sage man von der Gerechtigkeit des Herrn, von der Gerechtigkeit an seinen Bauern in Israel, als des Herrn Volk herabzog zu den Toren. Auf, auf Debora! Auf, auf und singe ein Lied! Mach dich auf, Barak, und fange, die dich fingen, du Sohn Abinoams!

Da zog herab, was übrig war von Herrlichen im Volk. Der Herr zog mit mir herab unter den Helden: aus Ephraim zogen sie herab ins Tal (Ephraim, das große Kriegervolk im Norden) *und nach ihm Benjamin mit seinem Volk. Von Machir zogen Gebieter herab und von Sebulon, die den Führerstab halten, und die Fürsten in Issaschar mit Debora, wie Issaschar so Barak; ins Tal folgte er ihm auf dem Fuß. An Rubens Bächen überlegten sie lange. Warum saßest du zwischen den Sattelkörben, zu hören bei den Herden das Flötenspiel? An Rubens Bächen überlegten sie lange. Gilead blieb jenseits des Jordans. Und warum dient Dan auf fremden Schiffen? Asser saß am Ufer des Meeres und blieb ruhig in seinen Buchten. Sebulons Volk aber wagte sein Leben in den Tod, Naftali auch auf der Höhe des Gefildes.*

Könige kamen und stritten; damals stritten die Könige Kanaans zu Taanach am Wasser Megiddos (Harmagedon), *aber Silber gewannen sie dabei nicht. Vom Himmel her kämpften die Sterne, von ihren Bahnen stritten sie wider Sisera. Der Bach Kischon riß sie hinweg, der uralte Bach, der Bach Kischon. Tritt einher, meine Seele, mit Kraft! Da stampften die Hufe der Rosse, ein Jagen ihrer mächtigen Renner.*

Fluchet der Stadt Meros, sprach der Engel des Herrn, fluchet, fluchet ihren Bürgern, daß sie nicht kamen dem Herrn zu Hilfe, zu Hilfe dem Herrn unter den Helden! Gepriesen sei unter den Frauen Jaël, das Weib Hebers, des Keniters; gepriesen sei sie im Zelt unter den Frauen! Milch gab sie, als er Wasser forderte, Sahne reichte sie dar in einer herrlichen Schale. Sie griff mit ihrer Hand den Pflock und mit ihrer Rechten den Schmiedehammer und zerschlug Siseras Haupt und zermalmte und durchbohrte seine Schläfe. Zu ihren Füßen krümmte er sich, fiel nieder und lag da. Er krümmte sich, fiel nieder zu ihren Füßen; wie er sich krümmte, so lag er erschlagen da.

Die Mutter Siseras spähte zum Fenster hinaus und klagte durchs Gitter: Warum zögert sein Wagen, daß er nicht kommt? Warum säumen die Hufe seiner Rosse? Die weisesten unter ihren Fürstinnen antworten, und sie selbst wiederholt ihre Worte: Sie werden wohl Beute finden und verteilen, ein Weib, zwei Weiber für jeden Mann, und für Sisera bunte gestickte Kleider zur Beute, gewirkte bunte Tücher um den Hals als Beute.

So sollen umkommen, Herr, alle deine Feinde! Die ihn aber liebhaben, sollen sein, wie die Sonne aufgeht in ihrer Pracht!

Und das Land hatte Ruhe vierzig Jahre.

Ja, man fragt: Was haben obige Worte mit dem Magnifikat zu tun? Sehr viel. Was ich hier zeigen will, sind die Wege zum Neuen Testament: Daß man das Neue Testament verstehen kann aus einem alttestamentlichen Hintergrund heraus. Daß wir dem Herrn, wie Debora sagt, ein *neues* Lied singen, das zwar ein uraltes Lied ist, das wir längst vergessen haben. Wenn wir das neu lernen, werden wir unseren Herrn und Heiland neu kennenlernen.

Deboras Lied, Richter 5:

1. Es fällt sofort auf, daß dieses Lied viel, viel länger ist als das Mirjams. Es ist weitaus das längste dieser drei Loblieder.

2. Mirjam sang im Schatten von Mose. Debora singt mit Vollmacht. Barak, der Mann, steht im Hintergrund. Sie tritt hervor, wie die Frauen im Neuen Testament hervortreten werden, die drei Marias vor allem.

3. Wie bei Mirjam ist es ein Kriegslied, ein Lied vom Sieg. Diese Lieder sind alle Siegeslieder, alle haben es mit Sieg zu tun – Sieg des Herrn –, aber nicht alle sind Kriegslieder. Es wird mit Pauken gespielt und dazu getanzt. Alle Kriegslieder werden mit Musik begleitet. Wir sehen den Gott Israels hier als einen kämpfenden Gott. Ein Bild, das wir niemals vergessen sollten, denn das ist der Weg, den er gehen wird, wenn er wiederkommt, als kämpfender Gott, als streitender Gott.

4. Im Mittelpunkt steht hier aber die Teilung des Volkes. Haben Sie das bemerkt? Debora verteilt Noten an die Stämme Israels: Welche waren willig zu kämpfen, welche haben sich verweilt, welche waren langsam, welche befanden sich auf anderen Schiffen und fremden Wegen? Das bedeutet: Es war eine Spaltung unter dem Volk. Die einen waren bereit, für den Herrn zu kämpfen, die anderen nicht. Dieser Zug ist äußerst modern, denn es gibt im Christentum auch eine Spaltung. Wer unter uns ist wirklich bereit, ganz und gar mit Jesus zu gehen, in seinen heiligen Krieg, den Krieg des Glaubens und der Kreuzesliebe – und wer ist nicht mehr willig mitzumachen? Letztere sind die, die verweilen bei ihren eigenen Lustgedanken oder Sicherheitserwägungen oder, wie das heute so ist, von Hetze getrieben werden. Das Volk ist getrennt. So ist es auch bei uns. Dieses Lied ist sehr modern.

5. Modern und auch tief biblisch historisch ist dieser geschichtliche Überblick über ein Geschehen. Ich habe in einem Predigtvorbereitungsheft »Zuversicht und Stärke« behauptet: Jede wahre biblische Predigt ist eine historische Predigt. Und wer nicht historisch predigt, predigt nicht Jesus. Und das ist wahr. Schauen sie die biblischen Predigten an, angefangen bei Mose bis hin zu Stephanus – teilweise finden wir auch in den Psalmen Predigten –: Alle diese Predigten, alle diese Lobgesänge reden über Gottes Wundertaten. Ein geschichtlicher Abriß wird hier gegeben. Des weiteren habe ich in diesem Predigtvor-

bereitungheft gesagt: Der nächste Schritt nach dem Histori-schen ist das Persönliche. Es geht um einen Überblick über Gottes Heil mit seinem Volk, wie die letzte Rede von Stephanus, die Sie alle kennen. Aber es geht auch um ein persönliches Zeugnis: Dieser Gott ist mein Erlöser. Wer nur bei dem Histo-rischen bleibt, erreicht nicht die letzte Tiefe. Es muß vom Historischen zum Persönlichen übergehen. Und gerade das ist die Entwicklung dieser Lobgesänge. Mirjam und Debora blei-ben vor allem auf dem historischen Niveau, einem historischen Umriß von Gottes Wirken. Hanna und Maria reden zutiefst persönlich und historisch zugleich. Die historische Anerken-nung und die Verkündigung dessen, was der Herr hat geschehen lassen, aber gleichzeitig die Frage:»Was bedeutet das für mich persönlich?«, das ist wahre Predigt, das ist Lobgesang!

6. Im Vergleich zu Mirjams Lobgesang ist auch interessant – das ist eine Tradition hier –, daß bei Debora Mirjams Machtvor-stellung von Gott erweitert wird: Die Erde zittert, die Berge wanken, sogar der Kosmos, die Sterne kämpfen mit. Diese Züge gibt es in keinem anderen der vier Lobgesänge, auch nicht bei Maria. Das bedeutet, wir müssen diese vier zusammennehmen, um eine gesamte Einheit der Lobgesänge der Frauen Israels zu bekommen. Nur so sagen sie alles. Sowohl Marias Magnifikat als auch die anderen drei Lobgesänge gehören zusammen. Hier sind Züge, die bei Maria nicht zu finden sind, wobei vieles, was Maria in ihrem Lied sagt, hier nicht zu finden ist. Vier Zeugen – vier bedeutet in der Bibel »allumfassend«. Die vier Himmelsrichtun-gen – vier Frauen: Mirjam, Debora, Hanna und zuletzt und am tiefgründigsten Maria.

7. Hier bringt Debora auch einen ganz neuen Zug, Gottes Gerechtigkeit, und zwar auch für die Bauern, für die Armen. Das bedeutet, wenn sie in den Krieg gehen, dann haben sie genug zu essen. Und hier werden zwei zentrale Aspekte des Gottes Israels miteinander verbunden: Gott als der gerechte Gott und als der Gott des Lebens. Die Betonung im Blick auf die Bauern zielt auf das Problem der Nahrung: genug zu essen, *Leben;* und gleichzei-tig *Gerechtigkeit* für das Volk. Beides beinhaltet die Thora, das Heiligste in Israel. In der Thora geht es um die Gerechtigkeit Gottes, das sogenannte Gesetz, und das fängt an mit dem Schöp-fungsbericht, mit dem Leben.

8. Hier wird es eine Beute für Israel geben. Dieses Kriegsbild, eine Beute für Israel, nimmt neue Formen an in den messianischen Verheißungen. In der zentralen Verheißung, Jesaja 9, sind wir, seine Gläubigen, Gottes Kriegsbeute. Das bedeutet, wir gehören ihm. Hier aber in Richter 5 ist der Feind die Beute für Israel. Das bedeutet, bestimmte Aussagen entwickeln sich und nehmen neue Formen an; gerade dieses Bild der Beute. Jesaja 9: Wir sind die Beute Gottes, er nimmt uns. Oder das Bild von den Menschenfischern: Sie fangen ihre Beute im Netz; die »Gefangenen« sind jene, die dann dem Herrn angehören, von ihm festgehalten sind und nicht freikommen werden. Die Vorstufe dazu ist, im negativen Sinn, im Bild der Feinde als Beute für Israel gegeben. Im Bild von den Menschenfischern wird es dann eine positive Form annehmen. Nehmen wir zum Beispiel die Plagen. Bei der ersten Plage in Ägyptenland handelt es sich um Wasser, das in Blut verwandelt wird. Das ist Zerstörung. Aber dann nimmt Jesus die gleiche Form bei der Hochzeit zu Kana, er verwandelt Wasser in Wein, und das ist eine Vorstufe zu seinem Abendmahl. Das ist der Weg, die Bilder und Motive der Bibel zu lesen, die immer wieder neue Formen und Richtungen annehmen, bis sie dann endgültig offenbart sind in Jesus Christus.

9. Hier ist die Zielsetzung, daß der Feind gerichtet ist und Israel errettet wird. So wird es am Ende der Tage sein, wenn Jesus kämpft für Israel. In dieser Hinsicht ist dieses Lied hochmodern. Der Feind Israels wird gerichtet, wie das deutlich in der messianischen Erwartung steht (Hes 38.39, Sach 12.14). Israel wird errettet. Zuerst wird die Gemeinde entrückt, und dann wird Israel getauft und errettet.

10. Und am Ende dieser wunderbare Schluß! Alle dieser Lieder haben einen wunderbaren Schluß. Der Höhepunkt in allen diesen Liedern ist gerade der letzte Satz. Das ist typisch hebräisch. Alles führt zum Ende hin.

»Die ihn aber liebhaben, sollen sein, wie die Sonne aufgeht in ihrer Pracht!« Die Jugend singt dieses Lied so gerne: »Die Gott lieben, werden sein wie die Sonne, die aufgeht in ihrer Pracht.« Das bedeutet, neuer Anfang, neue Klarheit, eine Vorstufe neuen Lebens, hin zur Auferstehung. Die den Gott Israels liebhaben, werden aufgehen wie die Sonne in ihrer Pracht. Kennen Sie Grünewalds berühmtes Bild vom auferstandenen Jesus? – Licht!

Alles ist in Licht getaucht. Und gerade hier ist die Vorstufe dazu: Wie die Sonne aufgeht in ihrer Pracht . . . die, die den Herrn liebhaben. Und der große Liebhaber des Herrn, das ist sein Sohn, unser Überwinder, Jesus Christus. Er geht auf, wie die Sonne in ihrer Pracht. Das ist die Vorstufe zu diesem Bild von Grünewald, der Weg geht zur Auferstehung.

11. Und dann herrscht 40 Jahre lang Ruhe. Das bedeutet eine Zeit des Heils; es ist ein allumfassender, historischer Zeitabschnitt. Der Herr hat Ruhe geschaffen. Das ist der Weg zu Jesaja 11, zum Tausendjährigen Friedensreich, nachdem Gott für Israel gekämpft hat, die Feinde besiegt sind und Israel getauft ist. Und dann wird Israel den Missionsauftrag ausführen an denen, die übriggeblieben sind. Es werden Ruhe und Frieden herrschen – Schalom. So können wir hier im Blick auf die 40 Jahre, in denen das Land Ruhe hatte, eine Vorstufe dieses kommenden Friedensreiches sehen. Vierzig Jahre – ein voller Abschnitt –, wie die 40 Jahre in der Wüste oder die 40 Tage der Versuchung, die 40 Tage der Sintflut, die 40 Jahre, die König David regiert hat – das läuft durch die ganze Bibel.

Gehen wir einen Schritt weiter zu *Hanna*.

Wenn Sie dieses Hanna-Lied lesen, werden Sie sofort merken, welch starke, sehr starke Ähnlichkeit es mit Marias Magnifikat hat. Nachdem bekannt geworden ist, daß Hanna ein Kind bekommen wird und dieses Kind, Samuel, nun geboren ist, singt Hanna ihren Lobgesang:

1. Samuel 2,1–11:

Und Hanna betete und sprach: Mein Herz ist fröhlich in dem Herrn, mein Haupt ist erhöht in dem Herrn. Mein Mund hat sich weit aufgetan wider meine Feinde, denn ich freue mich deines Heils.

Es ist niemand heilig wie der Herr, außer dir ist keiner, und ist kein Fels, wie unser Gott ist. Laßt euer großes Rühmen und Trotzen, freches Reden gehe nicht aus eurem Munde; denn der Herr ist ein Gott, der es merkt, und von ihm werden Taten gewogen. Der Bogen der Starken ist zerbrochen, und die Schwachen sind umgürtet mit Stärke (sehr neutestamentlich!). Die da satt waren, müssen um Brot dienen, und die Hunger litten, hungert nicht mehr. Die Unfruchtbare hat sieben geboren, und die viele Kinder hatte, welkt dahin. Der Herr tötet und macht lebendig, führt hinab zu den Toten und wieder herauf. Der Herr macht arm und macht reich; er erniedrigt und erhöht. Er hebt auf den Dürftigen aus dem Staub und erhöht den Armen aus der Asche, daß er ihn setze unter die Fürsten und den Thron der Ehre erben lasse.

Denn der Welt Grundfesten sind des Herrn, und er hat die Erde darauf gesetzt. Er wird behüten die Füße seiner Heiligen, aber die Gottlosen sollen zunichte werden in Finsternis; denn viel Macht hilft doch niemand. Die mit dem Herrn hadern, sollen zugrunde gehen. Der Höchste im Himmel wird sie zerschmettern, der Herr wird richten der Welt Enden. Er wird Macht geben seinem Könige und erhöhen das Haupt seines Gesalbten.

Und Elkana ging heim nach Rama in sein Haus; der Knabe aber war des Herrn Diener vor dem Priester Eli.

Schauen wir diesen Text an. Was wir hier sehen, und ich nehme das als Beispiel für alles in der Bibel, ist eine Entwicklung der Wege Gottes. Ich habe einmal in einer Predigt anhand eines Hesekiel-Textes die konsequente Offenbarung Gottes gezeigt. Alles, was er zeigt, ist wahr, aber er zeigt uns diesen Weg Schritt für Schritt, bis alles dann endgültig offenbart ist in Jesus Christus. Aber der Weg, diesen Jesus zu verstehen, geht gerade über diese schrittweise Offenbarung. Wenn wir zurückgehen zu dieser Quelle, dann verstehen wir Jesus ganz – so gut, wie wir das als Menschen eben können. Welchen Beweis habe ich dafür? Jesus selbst. Nehmen wir die Emmaus-Jünger, denen Jesus sein eigenes Kreuz auslegte. Er redet unterwegs nur von dem Gesetz, von den Propheten und den anderen Büchern des Alten Testaments. Das ist vorbildlich für uns. Das ist der Weg, Jesus Christus zu verstehen, wie er sich selbst verstanden hat. Erst dann können wir das Neue Testament verstehen. Und gerade die Tatsache, daß wir das Neue Testament oft so weltlich verstehen, so oberflächlich geprägt vom Weltgeschehen, zeigt, wie wenig wir das Alte Testament richtig begreifen. Das ist der wahre Weg gegen die moderne, verflachte Theologie: Kehret zurück, kehret um! Mein Ruf ist ein Ruf zur Umkehr zum Alten Testament, um Jesus wahrhaftig und in der Tiefe zu verstehen, wie er sich selbst verstanden hat. Dann, und nur dann allein, können wir das Neue Testament verstehen. Unser Thema ist ein Beispiel dafür – Hanna. Was ist der Hintergrund dieser Geschichte? Hanna hatte kein Kind. Man muß verstehen, in Israel ist das allererste Gebot der 613 Gebote und Verbote: Mehret euch! Die frommen chassidischen Frauen sind immer schwanger . . .

Wenn man über die Jungfrau Maria redet, lachen manche Leute darüber. Wer die Jungfrauengeburt nicht anerkennt, kann die ganze Bibel wegwerfen, denn hier begegnet uns eine weit zurückgehende Tradition. Jungfrau Maria, das bedeutet: Hier findet sich eine ganz lange alttestamentliche Tradition, bei der sichtbar wird, daß Gott über der Biologie steht, daß er hier Wunder tut, weil er der Herr des Lebens ist. Die erste, die darüber geschmunzelt hat, war keine andere als Sara, die Frau Abrahams. Als die drei Männer kamen, die drei Engel, und dem alten Abraham erzählten, daß er ein Kind bekommen würde, war Sara in ihrem Zelt – und, neugierig, wie die Frauen damals schon waren und es heute auch sind, hat sie genau gelauscht, was gesagt wird. Nachdem Sara die Rede, »Ich will wieder zu dir kommen übers Jahr; siehe, dann soll Sara, deine Frau, einen Sohn haben«, gehört hatte, fing sie an zu schmunzeln und zu lachen – »Was, ich soll schwanger werden? Ich bin doch alt genug, um eine Urgroßmutter zu sein!« Und der Herr gab Sara und Abraham einen Sohn, Isaak. Dies war der erste Schritt, und er geht dann über Rahel, über Hanna – hin zur altgewordenen Elisabeth, die unfruchtbar war. Der Anfang des Neuen Testaments geht zurück zu Sara, zurück zu diesem alten Bild. Das wird dann noch überboten bei Jesus Christus, der nicht von einer sehr alten Frau geboren wurde, sondern hier ist das Wunder noch intensiver und gesteigert. Der Vater des Kindes Jesu ist der Heilige Geist selbst, der Maria überschattet. Ein wunderschönes Bild: Maria wird überschattet und schwanger mit der Fruchtbarkeit Gottes, des lebendigen Gottes Israels. Hannas Geschichte ist eine Vorstufe, die natürlich den Gipfel der Entwicklung in Jesaja 7 erreicht, wo steht: »Siehe, die Jungfrau ist schwanger und wird einen Sohn gebären.«

Diese Verbindung von Hanna zu Maria ist sehr interessant.

Hanna gebar Samuel; Samuel war der Vorläufer von David und hat diesen zum König gesalbt. Und wir sehen, wie Zacharias und seine Frau Elisabeth, die sehr alt waren, auch ein Wunder erlebten. Elisabeth wurde schwanger und gebar Johannes, der Jesus getauft hat – wie Samuel David gesalbt hat. Und Jesus ist der Sohn Davids. Es besteht hier eine direkte historische Verbindung. Hanna war unfruchtbar. Durch ein Wunder, durch Gebet, bekam sie dann ein Kind. Dieses Kind salbte David, man kann sagen, den Inbegriff eines wahrhaftigen Königs Israels, den gerechten König David. Und die Frau des Zacharias, Elisabeth, war zu alt, um ein Kind zu bekommen. Aber sie gebar dann Johannes, den Vorläufer Jesu, des Sohnes David. Er hat dann Jesus getauft. Das ist kein Zufall, gar nichts ist Zufall.

Vers 1:

Und Hanna betete und sprach: Mein Herz ist fröhlich in dem Herrn, mein Haupt ist erhöht in dem Herrn. Mein Mund hat sich weit aufgetan wider meine Feinde, denn ich freue mich deines Heils.

Betrachten wir den Anfang des Magnifikats und vergleichen ihn mit obigem Vers: *Meine Seele erhebt den Herrn . . .*
Und im Lobgesang der Hanna steht: *Mein Haupt ist erhöht in dem Herrn.*
Fast der gleiche Wortlaut, nicht wahr.
. . . und mein Geist freut sich Gottes, meines Heilandes.
Und Hanna sagt: *Mein Mund hat sich weit aufgetan wider meine Feinde, denn ich freue mich deines Heils.*
Bemerken Sie die Ähnlichkeit bis in den Wortlaut hinein? Dieses Erheben, dieses Freuen, diese Beziehung zu Heil und Heiland! . . . fast der gleiche Wortlaut. Maria hatte ein Buch vor sich, als der Engel kam, und dieses Buch war die Bibel. Sie hat dieses Lied der Hanna sehr genau gekannt. Hier ist der Weg bei Hanna zum Persönlichen. Der Alte Bund ist ein kollektiver Bund: »Höre, Israel, der Herr ist unser Gott, der Herr allein.« Das ist kein persönliches Bekenntnis. Der Neue Bund ist ein persönlicher Bund. Jesus rief einzelne Menschen zu sich, und unser Glaubensbekenntnis fängt an mit »Ich«. In den ersten zwei Lobgesängen, die wir gelesen haben, geht es um Israel,

wie Gott in diesem kollektiven Bund wirkt. Aber Hanna redet persönlich. Und gerade dies, nämlich das persönliche Heil, nicht das Heil des ganzen Volkes, ist der Weg zum Neuen Bund und zum Verständnis des Neuen Bundes. Diese Entwicklung sehen wir hier sehr deutlich. Bei Mirjam und bei Debora geht es ständig um das Volk, das Volk findet Heil. Bei Hanna geht es um eine Person, um sie selbst und ihre Beziehung zum Heil, das der Herr schenkt. Dieser Weg geht deutlich vorwärts zum Neuen Bund, denn der Neue Bund ist ein persönlicher Bund, nicht ein völkischer. Unser Glaubensbekenntnis fängt an mit »Ich«; es heißt nicht: »Höre, Israel, der Herr ist unser Gott«, sondern: »Ich glaube an Gott, den Vater« – persönliches Heil auf dem Weg zu Jesus und zum Neuen Bund.

Vers 2:
> *Es ist niemand heilig wie der Herr, außer dir ist keiner, und ist kein Fels, wie unser Gott ist.*

Hier steht: Gott allein ist Gott – niemand ist heilig wie der Herr, keiner; es ist kein Fels außer ihm. Hanna kommt zu einer grundsätzlichen Aussage über Gott. Mirjams Aussage über Gott ist: Gott des Kampfes, Herr Zebaoth, der kämpfende Gott. Debora erweitert diese Bezeichnungen: Gott des Kampfes und Gott der Gerechtigkeit. Hanna geht einen Schritt weiter: Er ist allein der Herr. Das bedeutet, seine Herrschaft erstreckt sich als Ganzes. Zwar hat das Debora sogar kosmisch gedeutet, aber sie deutet das für diesen und jenen Bereich. Hier wird das aber nicht für diesen oder jenen Bereich gedeutet, sondern als *allgemein* wahr: »Es ist niemand heilig wie der Herr, außer dir ist keiner, und ist kein Fels, wie unser Gott ist.« Hier ist eine genaue Glaubensaussage, die den Herrn in seiner Ganzheit betrifft, nicht den Herrn als Kämpfer, nicht den Herrn als Gerechtigkeit, nicht den Herrn des Kosmos. Das sind Attribute, die seine Macht zeigen. Hier kommt Hanna zu der direkten Erkenntnis: Gott ist Gott, und es ist keiner außer ihm. Das muß richtig verstanden werden, das ist eine Entwicklung. Es bedeutet einiges, zu sagen: »Er ist der Herr des Kampfes, er ist der Herr der Gerechtigkeit, sogar der Herr des Kosmos.« – Aber es ist etwas anderes, zu sagen: »Es gibt keinen Gott außer ihm, er allein ist Gott!« Dies bedeutet: allumfassend in jeder Hinsicht, bis ins Persönliche hinein. Hier ist eine Entwicklung, die über Mirjam und Debora geht.

Vers 3:

Laßt euer großes Rühmen und Trotzen, freches Reden gehe nicht aus eurem Munde; denn der Herr ist ein Gott, der es merkt, und von ihm werden Taten gewogen.

Hier geht es um Gottes Gerechtigkeit, aber in der Art und Weise – es geht um Worte –, daß Gott alles überschaut, alles durchschaut, daß er Einblick hat in unsere Wege, unsere Taten und unsere Worte. Und das führt hin zu dieser wunderbaren Aussage: »Der Herr aber sieht das Herz an.« Dieses Wort steht gerade in Verbindung mit Hannas Sohn geschrieben. Als Samuel einen von Isais Söhnen zum König salben soll, denkt er, daß der starke Eliab der richtige sei – und Gott sagt: »Nein.« Der Herr allein sieht in unsere Herzen. Das hier ist eine Vorstufe zu dieser sehr tiefen Erkenntnis. Er kennt unsere Taten, unsere Worte und merkt darauf, er kennt uns bis in die tiefsten Tiefen unseres Herzens hinein.

Vers 4:

Der Bogen der Starken ist zerbrochen, und die Schwachen sind umgürtet mit Stärke.

Hier begegnet uns Neues Testament. Es könnte nichts neutestamentlicher sein als das. »Der Bogen der Starken ist zerbrochen, und die Schwachen sind umgürtet mit Stärke.« Die Umkehrung der Werte, wie man das von den alten Predigern gut kennt, wird sichtbar am Kreuz. Jesus zeigt seine Stärke in absoluter Schwachheit. Auch bei seiner Geburt in einem Stall in Bethlehem wird dies deutlich. Die Stärke in den Schwachen – »Meine Kraft ist in den Schwachen mächtig.« Und was sagt Jesus in den Seligpreisungen? Er redet von jenen, die diese Schwacheit oder diese Armut bis in den Geist hinein erleben. Und das ist hier gemeint. Die, die erniedrigt sind, werden erhöht, und die, die erhöht sind, werden erniedrigt. Das ist die Botschaft des Neuen Testamentes. Und das steht hier sehr deutlich geschrieben im Alten Testament: »Der Bogen der Starken ist zerbrochen, und die Schwachen sind umgürtet mit Stärke.« Das klingt ganz anders als bei Mirjam und

Debora, bei denen es um Stärke im Kampf, im Krieg geht. Hier geht es um einen Friedenskönig, der in Schwachheit mächtig sein wird. Das alles ist eine Vordeutung auf Jesus und ein Weg hin zu Marias Magnifikat. Würden wir nur diesen Vers lesen, würden wir sofort denken, daß er im Neuen Testament steht, nicht wahr. Er klingt so neutestamentlich wie nur möglich, aber diese Worte stehen im Alten Testament.

Vers 5:

> *Die da satt waren, müssen um Brot dienen, und die Hunger litten, hungert nicht mehr. Die Unfruchtbare hat sieben geboren* (7 bedeutet die Schöpfungszahl Gottes, vollendete Zahl), *und die viele Kinder hatte, welkt dahin.*

Hanna wird ausgelacht von ihrer Nachbarin, weil sie kein Kind bekommen kann. Sie nimmt das Problem der Brotlosen und der Hungernden von Debora und erweitert diesen Begriff zur Fruchtlosigkeit, Unfruchtbarkeit. Bei Debora geht es um Brot für die Bauern, für die Armen. Hier geht es bis zur letzten Tiefe der Probleme des Lebens, dahin, daß es Leben überhaupt geben kann. Die Unfruchtbaren werden Kinder kriegen, und die, die Kinder hatten, werden dahinwelken. Und sie redet natürlich persönlich, aus Dank, daß der Herr ihr Gebet erhört hat und sie ein Kind, ein sehr besonderes Kind bekommen wird, diesen Samuel. Diese wunderbare Geburt hat so viel gemeinsam mit der wunderbaren Geburt des Johannes durch Elisabeth. Das ist Vorbereitung für den Weg des Herrn: über Samuel/David und dann von Johannes zu Jesus. Hier geht es nicht nur um Brotlosigkeit und Hunger als Begriffe des Lebens, sondern hier wird das Zentrum getroffen. Um Leben zu haben, muß man Kinder haben. Und sie sagte,»die Unfruchtbaren werden gebären, und die, die viele Kinder haben, denen viel gegeben ist, die werden verwelken.« Das bedeutet, die Starken im Sinne der Frau, die viele Kinder hat, werden schwach; und die Schwachen, wie Hanna, werden stark sein. Das ist sehr tiefgründig.

Vers 6:

> *Der Herr tötet und macht lebendig* (das sagen wir bei Beerdigungen, nicht wahr), *führt hinab zu den Toten und wieder herauf.*

Das bedeutet, er ist Herr des Lebens und des Todes. »Er führt hinab zu den Toten und wieder herauf.« Und er, Jesus Christus, wird von den Toten heraufgeführt in der Auferstehung. Jesus, du Sohn Davids – und Samuel, der Sohn Hannas, salbt gerade diesen David zum König, von dem Maria und auch Josef abstammen. Das ist eine Vorstufe zur Auferstehung, die hier noch deutlicher wird als bei Debora, die sagt: »Die ihn aber liebhaben, sollen sein, wie die Sonne aufgeht in ihrer Pracht!« Auch in manchen Psalmen finden wir diese weiterreichende Vorstufe, zum Beispiel in Psalm 39. »Der Herr tötet und macht lebendig, führt hinab zu den Toten und wieder herauf.«

Vers 7:
> *Der Herr macht arm und macht reich; er erniedrigt und erhöht.*

Das ist eine Vertiefung und Verdeutlichung der Aussage, daß die, die erhöht sind, erniedrigt werden und die, die erniedrigt sind, erhöht werden.

Vers 8:
> *Er hebt auf den Dürftigen aus dem Staub und erhöht den Armen aus der Asche, daß er ihn setze unter die Fürsten und den Thron der Ehre erben lasse.*

Die Armen werden hier gegenüber den Mächtigen erhoben. Bei Debora ist es das Volk, das erhoben wird. Hier geht es um die Armen, und das bedeutet hier auch im persönlichen Sinn, daß Hanna ein Kind bekommt und demzufolge dann nicht mehr erniedrigt wird. Aber hier geht es auch um Jesus Christus. ». . . daß er ihn setze unter die Fürsten und den Thron der Ehre erben lasse.« Wer ist der wahre König in Israel? Herodes? Die reichen Sadduzäer in ihrer Pracht? Sind sie es wirklich, die die Macht haben? Oder ist es nicht dieses arme Kind, Jesus Christus? Und dieser Samuel, der einmalige Samuel im Alten Testament, Prophet, Priester und Richter zugleich, er salbt David als Kind zum König. Und David ist als Kind der mächtige König in Israel, der König im Geist, gegenüber dem bösen König Saul. Und aus dem Hause und Geschlecht dieses David kommt Jesus Christus, der wahre

König Israels, geboren in Armut und Demut in einem Stall in Bethlehem.

Denn der Welt Grundfesten sind des Herrn, und er hat die Erde darauf gesetzt.

Bei Debora geht es um den Kosmos. Hier geht es weiter zu einer Gesamt-Welt-Aussage: »Der Welt Grundfesten sind des Herrn, und er hat die Erde darauf gesetzt.« Warum hier? Weil der, der in den Tod gehen und wieder heraufkommen wird aus dem Tod, der, der mächtig sein wird über die mächtigen Könige, der ganzen Welt Enden zu seinem Reich haben wird. Und das ist Jesus Christus. Dieses Loblied hat sehr viel mit Jesus zu tun, nicht nur das Magnifikat der Maria. Wann zeigt Jesus, daß die ganze Welt ihm gehört? Das zeigt er deutlich als Auferstandener, im Missionsbefehl: Und hier steht: »Der Welt Grundfesten sind des Herrn, und er hat die Erde darauf gesetzt.« Die Aussagen über diesen, der Macht haben wird unter den Königen, der arm ist und dann Macht haben wird, der in den Tod gegangen ist und dann wieder aufersteht – , sie haben mit Jesus zu tun.

Vers 9:

Er wird behüten die Füße seiner Heiligen, aber die Gottlosen sollen zunichte werden in Finsternis.

Das ist neutestamentlich, nicht alttestamentlich. Laßt uns keine Angst davor haben, auch die Worte von Gottes Gericht zu lesen. Es wird sich zwar nicht jeder von Gott retten lassen, aber die Errettung ist ein Angebot für jeden. Gott wird auch richten. Genau wie er bei Debora unter den Stämmen richtet, so wird er auch unter uns richten. Und wer nur Trost und Errettung predigt, predigt die Gemeinde ins Gericht. Wer nur Gericht predigt, weiß nichts von der Liebe Gottes. Gottes Wort ist immer Gericht und Gnade zugleich. Es richtet uns, damit wir durch Buße aufgerichtet werden und in der Freude des Herrn leben können. Durch den Herrn, durch Christus, werden wir hier schon gerichtet werden, und dann kommen wir nicht ins Endgericht.

»Er wird behüten die Füße seiner Heiligen . . .« Hier ist auch eine Vertiefung der Worte Deboras zu sehen: Hier geht es um die Heiligen Gottes, nicht um die Krieger; nicht um das ganze Volk, sondern um die Heiligen im Volk. Das ist neutestamentlich. »Heilige« sind die, welche Gott gehören; es geht nicht um das ganze Volk. Der Alte Bund ist ein völkischer Bund, der Neue Bund ein persönlicher. Es geht um die, die dem Herrn wirklich gehören – hier wird Neues Testament deutlich sichtbar. Fast dieser ganze Psalm ist neutestamentlich. Es ist ein Psalm, nicht ein Psalm Davids, sondern ein Psalm Hannas, der Lobgesang einer Frau in einer großen und tiefen Tradition, die zum Magnifikat führt.

Denn viel Macht hilft doch niemand.

Ein gutes Wort für uns heute. Viel äußerliche Macht hilft doch niemand. Es gibt Leute, die mit ihren teuren Kleidern, Häusern und Autos prangen und dadurch ihren Reichtum und ihre wirtschaftliche Macht demonstrieren. An meinem Wohnort habe ich ein altes, dreckiges Auto gefahren. Fast jeder fährt hier einen Mercedes, ich habe damals ein altes und dreckiges Auto gefahren. Nicht nur, weil ich zu faul bin, das Auto zu putzen, sondern um ein Zeichen zu setzen gegenüber der oben erwähnten Demonstration von Reichtum und wirtschaftlicher Macht. An einem Auto ist mir nur wichtig, daß es fährt. Ich brauche keine äußeren, weltlichen Zeichen von Macht und Reichtum. Das wird uns alles genommen. Wir trachten nach Gottes Gerechtigkeit, nicht danach, Leute zu beeindrucken durch unsere schönen Kleider, Autos und Häuser usw. »Denn viel Macht hilft doch niemand« – jede Art von Macht ist damit gemeint. So steht es in Psalm 2, wie er der Heiden Herrscher zerschlagen wird, wenn er wiederkommt.

Vers 10:
Die mit dem Herrn hadern, sollen zugrunde gehen.

Wir dürfen mit ihm reden, ihn fragen. Aber »hadern« bedeutet, gegen ihn sein.

Der Höchste im Himmel wird sie zerschmettern, der Herr wird richten der Welt Enden.

Jesus! Er wird richten der Welt Enden.

Er wird Macht geben seinem Könige und erhöhen das Haupt seines Gesalbten.

Das zielt deutlich auf den Messias:»Er wird Macht geben *seinem* Könige und erhöhen das Haupt seines Gesalbten.« Jesus, der Christus, das bedeutet: der Gesalbte Gottes, der endgültige König Israels. Diese messianische Verheißung war Hanna gut bekannt. Zwar wird erst nach Hanna, bei David, gezeigt, daß er aus dem Hause und Geschlechte Davids kommt. Aber schon seit Abraham ist bekannt, daß diese Verheißung Israel gilt:»In dir sollen gesegnet werden alle Geschlechter auf Erden.« Und sogar vor Abrahams Zeiten ist gesagt:»Einer wird kommen, der Schlange den Kopf zu zertreten.« Und daß er aus dem Hause Juda kommen wird, war bekannt seit Jakobs Segen über Juda (1. Mose 49). Dieser Segen über Juda trägt auch teilweise Kreuzeszüge. Nebenbei bemerkt, Juda war der, der Josef verkauft hat und das dann wieder gutgemacht hat. Von ihm stammt Jesus ab.»Er wird Macht geben seinem Könige und erhöhen das Haupt seines Gesalbten.« Das klingt für uns so deutlich messianisch, und es ist doch vor Davids Zeit gesungen, nämlich in der Zeit, bevor Hanna den Vorläufer Davids, Samuel, gebären soll.

Schlußfolgerung

Erstens:
Zentral in diesem Lobgesang ist, daß Hanna vom Geschichtlichen zum persönlich Geschichtlichen geht. Da ist Geschichte, und muß immer da sein, aber es geht nicht nur um Gottes geschichtliche Wege mit dem Volk, sondern hier um den persönlichen Weg mit Hanna und dann um die persönlichen Wege bis hin zum Messias. Das ist der Weg zu Maria und dem Magnifikat, welches ein persönliches Zeugnis ist, eingebettet in den Rahmen der Geschichte des Gottes Israels.

Zweitens:
Hanna erweitert die Grundaussagen von Mirjam und Debora

60

zu grundsätzlichen Aussagen über Gottes Macht, Gottes Gerechtigkeit und Gottes Hilfe. Wir sehen im tiefsten Grunde jetzt viel besser, wie dieser Gott ist, im persönlichen Bereich wie in seinen Grundeigenschaften: seine Herrschaft über die ganze Welt, die persönliche Hilfe für die Armen, für die Menschen in Not.

Drittens:

Bei Hanna sehen wir die Umkehrung der Werte. Das wurde mir links und rechts gepredigt von dem Pfarrer, der mich getauft hat. Er hat jeden zweiten Sonntag über die Umkehrung der Werte gepredigt, und das ist biblisch. In Jesus ist die Umkehrung der Werte. In Armut kam er, er starb in Schwachheit am Kreuz, deswegen ist das Kreuz ein Ärgernis und eine Torheit für die Menschen. Das ist eine Umkehrung der weltlichen Verhältnisse. Und so geht es bei Hanna: Die Niedrigen werden erhöht, die Armen werden reich und die Reichen werden arm. Das ist alles so auf dem Weg zur Umkehrung der Werte im Neuen Testament und bei Jesus.

Viertens:

Der Krieg, den der Herr kämpft, wird zu endgültigem Frieden führen, nicht nur zu 40 Jahren Ruhe wie bei Debora. Der Bogen der Starken wird zerbrochen – und das ist die Wiederkunft Jesu. Hier sind sogar Züge, die mit dem Friedensreich Gottes zu tun haben. Vom endgültigen Zerbrechen des Bogens haben natürlich auch Jesaja (Jes. 2) und Micha gesprochen. Diese Linie führt bis zur Wiederkunft Jesu, der dann über schreckliches Kriegsgeschehen die Bogen zerbrechen wird, wenn er Israel Frieden geben wird und damit das Tausendjährige Friedensreich anbricht. Tatsache ist, daß wir in Hannas Loblied sehr, sehr deutlich den Weg zu Marias Magnifikat sehen. Es ist nicht möglich, daß Maria Hannas Lied nicht gekannt hat. Sie steht innerhalb einer Tradition (wie alles im Neuen Testament), die hier in Erfüllung geht – »Ich bin nicht gekommen aufzulösen, sondern zu erfüllen«, sagt Jesus. Das ganze Neue Testament ist, wie Luther sagt, eine Erfüllung des Alten Testamentes. Deshalb werden wir das Magnifikat Marias am allerbesten über diesen alttestamentlichen Hintergrund verstehen.

Das Magnifikat

Sie werden bei Marias Magnifikat viel Ähnlichkeit mit Hannas Lobgesang finden:

Und Maria sprach: Meine Seele erhebt den Herrn, und mein Geist freut sich Gottes, meines Heilandes; denn er hat die Niedrigkeit seiner Magd angesehen. Siehe, von nun an werden mich selig preisen alle Kindeskinder. Denn er hat große Dinge an mir getan, der da mächtig ist und dessen Name heilig ist. Und seine Barmherzigkeit währt von Geschlecht zu Geschlecht bei denen, die ihn fürchten. Er übt Gewalt mit seinem Arm und zerstreut, die hoffärtig sind in ihres Herzens Sinn. Er stößt die Gewaltigen vom Thron und erhebt die Niedrigen. Die Hungrigen füllt er mit Gütern und läßt die Reichen leer ausgehen. Er gedenkt der Barmherzigkeit und hilft seinem Diener Israel auf, wie er geredet hat zu unseren Vätern, Abraham und seinen Kindern in Ewigkeit.

Und Maria blieb bei ihr etwa drei Monate; danach kehrte sie wieder heim.   Lukas 1, 46-46

Dieses Magnifikat ist nicht plötzlich vorhanden und verfügbar, ist nicht ein einmaliger Lobgesang, der plötzlich in Marias Herz und Mund kommt, sondern es steht in einer Tradition, wie alles im Neuen Testament. Er ist zwar neu, steht aber dennoch in einer alten Tradition. Diese Tradition sind die Lobgesänge der israelitischen Frauen. Wir sehen zuerst, daß es vier große Lobgesänge gibt – vier bedeutet in der Bibel »allumfassend«. Das bedeutet ein Zweifaches, und das will ich sehr betonen: Einerseits führen alle diese Lobgesänge zum Magnifikat. Das Magnifikat ist die Erfüllung dieser Lobgesänge. Aber gleichzeitig bedeuten diese vier: »von allen Himmelsrichtungen«. Und jeder dieser Lobgesänge hat sein eigenes Gewicht, so daß manche der Aussagen von Mirjam, Debora und Hanna nicht im Magnifikat zu finden sind,

aber trotzdem eine Bedeutung haben für die Endzeit. Deswegen gilt gleichzeitig:
- Die Lobgesänge als Verheißung und deren Erfüllung in Marias Magnifikat.
- Alle diese Lobgesänge tragen in sich einen Teil von Gottes ewiger Wahrheit. Manches, was von Mirjam und Debora gesagt wird, wird nicht erfüllt im Magnifikat, sondern wird erst in der Endzeit mit der Wiederkunft Jesu erfüllt.

Bevor Maria ihren Lobgesang beginnt, unterstreicht sie ihren Glauben:»Siehe, ich bin des Herrn Magd; mir geschehe, wie du gesagt hast.« Hier sehen wir die Voraussetzung dafür, daß gerade Maria Jesus gebären soll. Wir wissen, daß der große Priester Zacharias Gabriels Worten, er und seine Frau sollen ein Kind bekommen, nicht geglaubt hat. Deswegen wurde er mit Stummheit bestraft. Stumm, weil er durch sein Verhalten den Ungehorsam Israels zeigte, und Gott war Israel gegenüber stumm, hat 500 Jahre keinen Propheten geschickt. Und dann wird der zentrale und endgültige Prophet kommen, Johannes der Täufer, der dann dem Messias den Weg bahnen wird mit Vollmacht des Wortes. Maria aber ist demütig. Manche sagen, Marias Magnifikat sei ein Thema für katholische Christen. Das ist reiner Unsinn, denn es ist ein biblisches Thema. Unsere Auffassung unterscheidet sich von der katholischer Christen in dem, was Luther in seinem sehr schönen Buch »Magnifikat« (das ich jedem empfehle) betont: Luther unterstreicht, daß Maria bescheiden ist. Sie erwartet nichts – »Ich bin nur eine arme Magd«, aber sie glaubt, sie nimmt an und ist gehorsam. Deswegen achtet Luther Maria für den allergrößten Menschen, weil sie sich auf die allerniedrigste Stufe stellt, arm im Geist, total bescheiden. Die Niedrigen werden erhöht, und die sich selbst erhöhen, werden erniedrigt werden. Maria entspricht nicht dieser ganzen Sache mit der »Himmelskönigin« und »Maria Himmelfahrt« und alledem; diese Dinge sind nicht biblisch. Aber es gibt eine sehr tiefe, biblische Aussage über Maria, und diese wird deutlich in ihrem Magnifikat und ihrem Verhalten: Sie ist fromm, sie ist schlicht, sie ist bescheiden und weiß doch gleichzeitig um die Macht des Gottes Israels, und sie ist gehorsam.

Dieses Vorläufer-Thema ist sehr interessant. Hanna, mit ihrem Lobgesang, wird Samuel gebären. Samuel ist der Vorläufer von

König David. Er salbt ihn zum König, als David sehr jung ist. Elisabeth, die auch ein Wunder erlebte – sie und auch ihr Mann Zacharias sind zu alt, ein Kind zu bekommen –, gebiert den Vorläufer von Jesus Christus, Johannes den Täufer, der dann Jesus tauft.

Und Maria sprach: Meine Seele erhebt den Herrn, und mein Geist freut sich Gottes, meines Heilandes.

Vergleichen Sie das mit Hannas Loblied! Dieses fängt an:
Mein Herz ist fröhlich in dem Herrn, mein Haupt ist erhöht in dem Herrn. Mein Mund hat sich weit aufgetan wider meine Feinde, denn ich freue mich deines Heils.

Erkennen Sie die Ähnlichkeit, teilweise sogar bis in den Wortlaut hinein? Die Betonung auf Freude, auf Erheben, auf Heil ist in beiden Liedern zu finden. Maria hat diesen Lobgesang der Hanna sehr gut gekannt und im Herzen gehabt. Es ist kein Zufall, daß sie ein Buch bei sich hatte, als der Engel zu ihr kam. »Wie soll ich dich empfangen und wie begeg'n ich dir?« Maria gibt ihre Antwort auf Grund des Wortes Gottes. Und so soll auch unsere adventliche Antwort sein, denn Jesus kommt bald wieder. Wie sollen wir ihm begegnen? Maria zeigt uns das sehr deutlich: Über das Wort, durch das Wort. Wahres Christentum ist nicht ein schwärmerisches Erlebnis, wahres Christentum ist vom Wort geprägt, von einem tiefen Verständnis der Bibel. Wir sind dazu aufgerufen, die Bibel in ihrer Tiefe verstehen zu lernen, Altes und Neues Testament. Denn, wie Luther sagte, die ganze Bibel ist eine Einheit. Im Worte Gottes gegründet zu sein, ist unsere Vorbereitung, Jesus zu empfangen. So hat es Maria uns gezeigt.

Dieser Text: »Meine Seele erhebt den Herrn, und mein Geist freut sich Gottes, meines Heilandes« kommt dem in Hannas Lobgesang sehr nahe, denn sowohl hier als auch dort sind die Aussagen persönlich. Es geht um mein, um unser persönliches Heil. Hanna spricht am Ende ihres Liedes von »seinem Gesalbten«, aber Maria sagt: »mein Heiland«. Das bedeutet, das Persönliche geht bis in meine eigene Erfahrung hinein. Maria wird ihn, Jesus Christus, empfangen – aber auch wir empfangen ihn. Wir empfangen wahres Leben, den Heiligen Geist, durch sein

Wort. Deswegen können wir mit Maria beten:»Meine Seele erhebt den Herrn (schaut zu dem Herrn auf), und mein Geist freut sich Gottes, meines Heilandes.« Das ist nicht nur Marias Gebet, das ist das Gebet der Christenheit. Auch wir freuen uns Gottes, unseres Heilandes. Das ist die ganze Weihnachtsbotschaft: Wir sollen vorbereitet sein, ihn zu empfangen. Das Wesentliche an Weihnachten sind nicht die Geschenke, die wir bekommen, auch nicht die Geschenke, die wir geben. Wer großen Wert auf die Geschenke allein legt und vielleicht dabei noch im stillen denkt:»Ich bin ein guter Geber«, verhält sich wie ein Pharisäer. Es geht diesem Menschen um das, was er tut. Die»Welt«, ja, die erhabene»Welt« redet so:»Nicht das, was ich erhalte, sondern das, was ich gebe, ist wichtig.« Das ist Pharisäertum! Der wahre Sinn von Weihnachten ist der, daß wir unser Herz öffnen, wie Maria es getan hat, damit wir Jesus Christus empfangen, durch sein Wort.

Vers 48:
Denn er hat die Niedrigkeit seiner Magd angesehen. Siehe, von nun an werden mich selig preisen alle Kindeskinder.

Dieses Betonen der Niedrigkeit – Maria bezieht diese Niedrigkeit hier auf sich –, steht deutlich auch in Hannas Loblied, aber in einem anderen Zusammenhang.»Er erniedrigt und erhöht.« Bei Hanna geht es um das allgemeine Wirken Gottes für alle Menschen – durch seinen Gesalbten. Bei Maria dagegen um das persönliche Erlebnis mit Gott. Es geht nicht um dieses und jenes im allgemeinen, sondern es geht um meine Niedrigkeit.»Denn er hat die Niedrigkeit seiner Magd angesehen.« Jawohl, wie Hanna sagt, er erniedrigt und erhöht. Er hat Maria erniedrigt, das bedeutet, er hat sie zur Demut gebracht, zu der Erkenntnis, daß sie gar nichts ist und gar nichts zu bringen hat. Und weil er sie erniedrigt hat, kann sie des Herrn Magd sein und wird erhöht werden. Wir müssen uns darüber im klaren sein, was»Demut« bedeutet, was »arm im Geist« bedeutet. Martin Luther war der demütigste Christ der modernen Zeit. Menschlich gesehen war er arrogant und selbstsicher. Die katholische Kirche hat ihm vorgeworfen:»Wer bist du, zu sagen, daß die ganze Tradition falsch ist?«»Ich stehe hier«, sagte Martin Luther,»ich kann nicht anders.« Im Auftritt war Martin Luther absolut selbstsicher. In den Augen der »Welt« ist dies nicht Demut, sondern Selbstsicherheit, Arroganz. Aber warum tat er das? Weil es hier geschrieben steht; er handelte nach des Herrn Wort. Das bedeutet, er war total demütig und gehorsam gegenüber dem Herrn. Vorsicht vor den Menschen, die immer demütig spielen! So haben die katholischen Gegner Luthers immer vorgetäuscht, demütig zu sein: Aber wir nehmen die Tradition an, wir erheben uns nicht, erlauben uns nicht unser eigenes Urteil. Wiewohl sie sich als demütig ausgaben, waren sie doch hoffärtig. Luther aber hat sich zutiefst erniedrigt, denn er hat gewußt, Gottes Wort hat mich getötet. Luther hat im Jahre 1515, kurz vor der Reformation, in seiner Römerbriefauslegung einen der tiefgehendsten Sätze, die ich kenne, niedergeschrieben: »Ich werde mich in der Hölle der Verdammnis von Gottes Wort richten lassen, wenn Gott das will, denn ich will, daß Gottes Wille an mir geschehe.«

Demut, die Erkenntnis, es kommt nicht darauf an, wie ich bin, es kommt darauf an, wie er ist und was er will. Aber mit Recht sagt er dann dazu: »Aber, wird Gott mich verdammen, wenn ich bereit bin, diese Verdammnis anzunehmen?« Luther blieb trotz seiner Erkenntnis in der Demut vor Gott. Es war nicht eine gespielte Demut wie bei den katholischen Theologen seiner Zeit. Er war getroffen von Gottes Wort, er war getötet durch Gottes Wort. Nur der, der mit Jesus Christus stirbt, wird mit ihm leben. Nur der, der sich erniedrigt, wird erhöht. Das war der Weg Marias, und es war der Weg Martin Luthers. Und ich hoffe, es ist unser aller Weg. Nicht unsere Frömmigkeit wollen wir vor den anderen Menschen zeigen, auch nicht damit auftischen, wie besonders begnadet wir sind, sondern wir wollen uns immer vor Augen halten: Herr Jesus, alles, was ich habe und bin, kommt von dir, ich gehöre dir allein, und ich habe nichts von mir selbst. Denn ohne ihn können wir nichts tun. Genau das sagt Maria hier.

»Denn er hat die Niedrigkeit seiner Magd angesehen. Siehe, von nun an werden mich selig preisen alle Kindeskinder.«

Man könnte sagen: Das ist Hochmut! Wer ist diese einfache, arme Jüdin, zu behaupten, alle würden sie preisen? – Nein, sie meint nicht, daß sie ihrer Person wegen gepriesen werden wird. Nein, sie wird darum gepriesen, weil sie Jesus Christus empfangen und geboren hat. Das ist Niedrigkeit. Es geht nicht darum, daß sie hochgestellt wird, sondern darum, daß sie den Heiland geboren hat. Maria sagt diese Worte: »Siehe, von nun an werden mich selig preisen alle Kindeskinder« als prophetische Aussage. Sie preist sich selbst nicht, nein, sie nennt sich nur eine einfache Magd. Wer bin ich, etwas zu bringen? Das ist einfach eine Tatsache, daß sie gepriesen werden wird, und sie wird es heute. Wir preisen sie nicht wie die katholische Kirche, sondern wir erkennen in Maria einen wahren, demütigen, gehorsamen Menschen und ein Vorbild für uns zu Advent. »Wie soll ich dich empfangen . . .« (EKG 10), das ist das zentrale Adventslied; ich kann es nicht oft genug singen und hören. In ihm werden verschiedene Stufen des Kommens Jesu besungen, wie und wozu er kommt, zum Schluß kommt er auch zum Weltgericht. Von Maria können wir lernen, wie wir ihn, den Herrn, empfangen sollen: in Demut, in Gehorsam und in der Erkenntnis: ich habe nichts zu bringen.

»Denn er hat große Dinge an mir getan . . .«

Nicht ich habe Großes getan, es sind nicht meine Werke, es ist nicht mein Heldentum, nicht meine Sicherheit, sondern er hat große Dinge an mir getan.

». . . der da mächtig ist und dessen Name heilig ist.«

Sollten wir uns nicht öfters an den Mittelpunkt unseres Glaubens erinnern und uns selbst fragen: Herr, warum hast du mir diesen Weg zum Glauben gezeigt? Wie kommt es, daß ich im Glauben an dich mein Leben führen kann? Warum hast du mich geführt Tag für Tag, mich herausgeholt aus einer sterbenden, üblen Welt? Beim Betrachten der Schaufenster zweier großer Buchhandlungen fielen mir zwei Dinge besonders ins Auge: Die eine Buchhandlung hatte als besonderes Angebot »Deutscher Aberglaube« in zehn Bänden ausgestellt. »Deutscher Aberglaube« in zehn Bänden! Die andere hatte ein anderes Sonderangebot anzupreisen: »New Age«, das ist die neue Okkultlehre; auch hier waren es zehn Kassetten. Wer nicht glaubt, daß wir in der Endzeit leben, muß nur die Augen ein bißchen aufmachen und sich ein wenig in der Welt umschauen. Wir können nur dankbar sein, daß der Herr uns herausgeholt hat aus dieser Welt, daß er große Dinge an uns getan hat (das hat er!), und wir können nur beten, daß er uns mit seiner allmächtigen Hand hält, trotz all dieser satanischen Bewegungen und der feministischen Theologie.

Die vorangegangenen Ausführungen über diese vier Frauenge-stalten der Bibel – Mirjam, Debora, Hanna, Maria – wollen eine Antwort sein auf die feministische Bewegung, um zu zeigen, was die Frau in der Bibel bedeutet.

»Denn er hat große Dinge getan an mir, der da mächtig ist und dessen Name heilig ist.«

»Name« bedeutet in der Bibel »Wesen«. Sein Wesen ist heilig. Wenn man diese Aussage der Maria vergleicht mit den Lobgesän-gen der anderen israelitischen Frauen, findet sich ein Unterschied: Mirjam und Debora reden auch von »großen Dingen«, aber in bezug auf das Volk Israel, vor allem in Verbindung mit Geschichte und Krieg. Hanna redet auch persönlich, daß er große Dinge an ihr getan hat, so daß sie nicht mehr unfruchtbar ist. Bei Maria geht es aber persönlich in die letzte Tiefe. Große Dinge hat er an ihr getan, daß sie Gott selbst empfangen kann – wahrer Advent.

Und seine Barmherzigkeit währt von Geschlecht zu Ge-schlecht, bei denen, die ihn fürchten.

Steht es nicht im ersten Johannesbrief, daß wir nicht den Geist der Furcht, sondern den Geist der Liebe empfangen haben? Wie ist das zu verbinden mit einer solchen Aussage wie in obigem Vers? »Die Furcht des Herrn ist der Anfang der Erkenntnis.« – »Gott hat uns nicht gegeben den Geist der Furcht, sondern der Kraft und der Liebe und der Besonnenheit.« Die Antwort ist biblisch so: Wer Gott begegnet, begegnet ihm in Furcht, zuerst immer! Deswegen sagen die Engel und die Boten Gottes immer: »Fürchte dich nicht!« Warum sagen sie das? Weil die Leute Furcht haben, wenn sie die Allmacht Gottes uns gegenüber erkennen und seine Gegenwart verspüren. Stellen wir uns doch vor, was für ein überwältigendes Erlebnis das ist, wenn Maria einem Engel begeg-net! Oder wenn Zacharias von einem Engel angesprochen wird, wenn Jesaja Gott sieht im Tempel. Zuerst kommt die Furcht, die Erkenntnis, wie niedrig wir sind. Aber dann weicht die Furcht der Liebe. Warum? Weil wir merken, daß Gottes Macht nicht gegen uns ist als Bedrohung, sondern daß sie am Kreuz für uns in Liebe verwandelt worden ist. Und je tiefer unser Leben im Kreuz ver-ankert ist, um so mehr sind wir in der Liebe Christi, und um so weniger kann uns die Furcht beherrschen.

Aber die Begegnung mit Gott geht über die Furcht Gottes, die der Anfang aller Weisheit ist. Jesus ist unsere Weisheit, die Weisheit Gottes. Je tiefer wir in Christus sind, um so weniger ist der Geist der Furcht in uns und um so mehr der Geist der Liebe. Denn seine Liebe zeigt sich in seiner Macht, damit wir ihm vertrauen und mit ihm gehen. Man kann aber dann nicht sagen, es geht nur um Liebe. Wir müssen ihm zuerst in Furcht begegnen, wie alle in der Bibel ihm zuerst in Furcht begegnet sind und seine Allmacht erkennen. Erst dann können wir seine Liebe annehmen. Beides gehört zusammen. Wer nur Gottes Liebe predigt, weiß nicht um Gottes Allmacht. Furcht zeigt die Allmacht Gottes; und die Liebe zeigt die Erkenntnis, daß seine Allmacht für uns in Liebe verwandelt ist. Das ist ein sehr, sehr wichtiger Zusammenhang.

Und seine Barmherzigkeit währt von Geschlecht zu Geschlecht bei denen, die ihn fürchten. Sie gilt für die, die diese Grunderkenntnis seiner Macht und unserer Niedrigkeit haben.

Er übt Gewalt mit seinem Arm und zerstreut, die hoffärtig sind in ihres Herzens Sinn. Er stößt die Gewaltigen vom Thron und erhebt die Niedrigen.

Wo steht das auch noch geschrieben? Wort für Wort fast genauso bei Hanna.

Diese Aussage: die »Niedrigen«, und vorher: »Er übt Gewalt mit seinem Arm und zerstreut, die hoffärtig sind in ihres Herzens Sinn« ist fast wortwörtlich von Hanna übernommen. Maria steht in einer Tradition der Erkenntnis und des Bekenntnisses als Lobgesang der Frauen Israels. Und sie ist die Endgültige, die Trägerin dieser Tradition, wie Johannes der Täufer der endgültige Prophet ist. Auch er steht in einer Tradition. Nicht nur bei Hanna, auch bei Mirjam und Debora sind Vorstufen zu finden, die diese Macht, das Gericht und die Gewalt gegen die Feinde beschreiben. Geschehen wird dies alles bei der Wiederkunft Jesu, wenn die Feinde gerichtet werden. Das hat auch für uns tragende Kraft. Man soll nicht nur sagen, alles ist erfüllt im Magnifikat. Hier haben wir bei den Aussagen von Hanna, Mirjam und Debora zwei Seiten: zum einen Vorstufen zur Erfüllung im Magnifikat; zum anderen sind alle diese Aussagen als eine gesammelte Kraft des Wortes Gottes zu sehen, so daß manche Aussagen von Mirjam und Debora endzeitlich erfüllt werden und manche gar nicht im Magnifikat zu finden sind. Das sind die beiden Wege, sie gehören zusammen.

Die Hungrigen füllt er mit Gütern und läßt die Reichen leer ausgehen.

Dieses Thema der Hungrigen fängt bei Debora an, indem sie über die Bauern redet; bei Hanna geht es um die Armen, und in Jesus ist dieses ganze Thema endgültig erfüllt. »Selig sind, die da hungert und dürstet nach der Gerechtigkeit.« Das bedeutet, – wie auch bei Debora Gottes Gerechtigkeit gezeigt wird, indem er den hungrigen Bauern zu essen gibt – bei diesem Füllen der Hungrigen geht es um Gottes Gerechtigkeit. Gott ist gerecht, er will nicht, daß Menschen verhungern und andere im Überfluß leben. Aber es geht hier um einen tieferen Hunger, genauso wie »arm im Geist« eine tiefere Sache ist als nur äußere Armut. Es geht um »hungern und dürsten nach der Gerechtigkeit«. Deswegen sagt Jesus am Kreuz: »Mich dürstet.« Dieser Ausruf Jesu hat mit diesem Satz aus der Bergpredigt zu tun. Er dürstet auch nach der Gerechtigkeit Gottes und ihrer Erfüllung. Diese ganze Betonung der Hungrigen kommt in letzter Erfüllung zum Vorschein in den Seligpreisungen Jesu, denn es geht nicht um körperlichen Hunger allein, sondern um geistlichen. Wir hungern und dürsten nach der Gerechtigkeit Gottes, wenn wir diese Welt mit all ihren Schrecknissen – Terrorismus, Armut, schreckliches Unrecht etc.! – nicht mehr ausstehen können. Wir sehen unmögliches Leiden in dieser Welt, und wir sagen: Herr, warum tust du nicht etwas dagegen? Wir dürsten nach seiner Gerechtigkeit – und das ist seine Wiederkunft, wenn er alles erfüllen wird und wenn alle diese Mißstände gerichtet und in Ordnung gebracht werden. Wir hungern und dürsten nach dieser Gerechtigkeit. Deswegen ist hier wiederholt diese Betonung auf Hunger gelegt. Es geht nicht nur um körperliches Hungern, es geht um hungern im Geist nach der Gerechtigkeit. Und das ist sogar vorgedeutet im Lobgesang Deboras.

Er gedenkt der Barmherzigkeit und hilft seinem Diener Israel auf, wie er geredet hat zu unsern Vätern, Abraham und seinen Kindern in Ewigkeit.

Was ist hier so besonders? Hier – wie Debora und Mirjam – blickt Maria zurück. Mirjam blickt zurück auf das, was gerade passiert ist, auf das Rote-Meer-Wunder, das zentrale Wunder im Alten Bund. Debora blickt zurück auf Gottes Sieg in der Richterzeit. Und worauf blickt Maria zurück? Sie blickt zurück zum Anfang Israels, wie es keine der anderen getan hat, zu dem, der gesegnet wird. Durch ihn werden gesegnet alle Völker auf Erden. »Er gedenkt der Barmherzigkeit und hilft seinem Diener Israel auf, wie er geredet hat zu unseren Vätern, Abraham und seinen Kinder in Ewigkeit.« Das Besondere hier ist, daß der Anfang und das Ende Gottes Verheißung an Israel beinhaltet. Der Anfang ist: »Abraham, durch dich werden gesegnet alle Völker auf Erden.« Und das Ziel, das Ende ist die Geburt Jesu Christi. Und Marias Lied ist ein Gebet der Bereitschaft zu empfangen. Sie wird den Heiland empfangen, der die ganze Geschichte Israels zur Vollendung bringt. Bei Mirjam geht es nur um das eine Wunder am Roten Meer. Bei Debora geht es um die Weiterführung durch Gott in diesen Kriegen; aber hier, in Marias Magnifikat, ist sowohl der Anfang der Verheißung – der Rückblick zu Abraham – und das Ziel der Verheißung – die Geburt Jesu Christi – als Einheit beinhaltet. Anfang und Ende, Jesus Christus selbst ist beides.

Und Maria blieb bei ihr drei Monate; danach kehrte sie wieder heim.

Wir wissen, wie die Debora-Geschichte endet: »Und das Land hatte Ruhe 40 Jahre.« Diese Zahl 40 in der Bibel bedeutet einen ganzen historischen Abschnitt. Warum diese drei Monate? Elisabeth ist im sechsten Monat schwanger. In drei Monaten wird Johannes der Täufer geboren, und die neue Zeit wird anbrechen. Denn Johannes der Täufer ist nicht ein Prophet des Alten Bundes, sondern er ist der Prophet des Neuen Bundes. Die neue Zeitepoche fängt an. Das Kirchenjahr fängt mit dem ersten Advent an. Ein Adventssonntag ist immer Johannes dem Täufer gewidmet, denn bei ihm ist der Anfang. Der Anfang des Neuen Bundes ist nicht die Geburt Jesu. Der Anfang geht zurück zu Johannes und natürlich noch weiter zurück, nämlich zur Ankündigung seiner Geburt. Hier fängt das Wirken an. So bleiben Maria und Elisabeth zusammen, bis Johannes geboren ist. Und es ist sehr interessant, die Zusammenhänge zu beobachten: Wer fängt gerade dann an zu wirken, das Reich Gottes zu predigen, als Johannes gefangen genommen ist? Jesus Christus, mein und dein Heiland.

Biblisches Denken – was ist das?

Naaman, der Feldhauptmann des Königs von Aram, war ein trefflicher Mann vor seinem Herrn und wert gehalten; denn durch ihn gab der Herr den Aramäern Sieg. Und er war ein gewaltiger Mann, jedoch aussätzig. Aber die Kriegsleute der Aramäer waren ausgezogen und hatten ein junges Mädchen weggeführt aus dem Lande Israel; die war im Dienst der Frau Naamans. Die sprach zu ihrer Herrin: Ach, daß mein Herr wäre bei dem Propheten in Samaria! Der könnte ihn von seinem Aussatz befreien. Da ging Naaman hinein zu seinem Herrn und sagte es ihm an und sprach: So und so hat das Mädchen aus dem Lande Israel geredet. Der König von Aram sprach: So zieh hin, ich will dem König von Israel einen Brief schreiben. Und er zog hin und nahm mit sich zehn Zentner Silber und sechstausend Goldgulden und zehn Feierkleider und brachte den Brief dem König von Israel; der lautete: Wenn dieser Brief zu dir kommt, siehe, so wisse, ich habe meinen Knecht Naaman zu dir gesandt, damit du ihn von seinem Aussatz befreist. Und als der König von Israel den Brief las, zerriß er seine Kleider und sprach: Bin ich denn Gott, daß ich töten und lebendig machen könnte, daß er zu mir schickt, ich solle den Mann von seinem Aussatz befreien? Merkt und seht, wie er Streit mit mir sucht! Als Elisa, der Mann Gottes, hörte, daß der König von Israel seine Kleider zerrissen hatte, sandte er zu ihm und ließ ihm sagen: Warum hast du deine Kleider zerrissen? Laß ihn zu mir kommen, damit er innewerde, daß ein Prophet in Israel ist. So kam Naaman mit Rossen und Wagen und hielt vor der Tür am Hause Elisas. Da sandte Elisa einen Boten zu ihm und ließ ihm sagen: Geh hin und wasche dich siebenmal im Jordan, so wird dir dein Fleisch wieder heil und du wirst rein werden. Da wurde Naaman zornig und zog weg und sprach: Ich meinte, er selbst sollte zu mir herauskommen und hertreten und den Namen des Herrn, seines Gottes, anrufen und seine Hand hin zum

Heiligtum erheben und mich so von dem Aussatz befreien. Sind nicht die Flüsse von Damaskus, Abana und Parpar, besser als alle Wasser in Israel, so daß ich mich in ihnen waschen und rein werden könnte? Und er wandte sich und zog weg im Zorn. Da machten sich seine Diener an ihn heran, redeten mit ihm und sprachen: Lieber Vater, wenn dir der Prophet etwas Großes geboten hätte, hättest du es nicht getan? Wieviel mehr, wenn er zu dir sagt: Wasche dich, so wirst du rein! Da stieg er ab und tauchte unter im Jordan siebenmal, wie der Mann Gottes geboten hatte. Und sein Fleisch wurde wieder heil wie das Fleisch eines jungen Knaben, und er wurde rein. Und er kehrte zurück zu dem Mann Gottes mit allen seinen Leuten. Und als er hinkam, trat er vor ihn und sprach: Siehe, nun weiß ich, daß kein Gott ist in allen Landen, außer in Israel; so nimm nun eine Segensgabe von deinem Knecht. Elisa aber sprach: So wahr der Herr lebt, vor dem ich stehe: ich nehme es nicht. Und er nötigte ihn, daß er es nehme; aber er wollte nicht. Da sprach Naaman: Wenn nicht, so könnte doch deinem Knecht gegeben werden von dieser Erde eine Last, soviel zwei Maultiere tragen! Denn dein Knecht will nicht mehr andern Göttern opfern und Brandopfer darbringen, sondern allein dem Herrn. Nur darin wolle der Herr deinem Knecht gnädig sein: wenn mein König in den Tempel Rimmons geht, um dort anzubeten, und er sich auf meinen Arm lehnt und ich auch anbete im Tempel Rimmons, dann möge der Herr deinem Knecht vergeben. Er sprach zu ihm: Zieh hin mit Frieden!   2. Könige 5,1–19a

Wir hören oft den Begriff »biblisches Denken, biblische Auslegung«, aber was meinen wir eigentlich damit? Wer die Bibel tiefgehend liest, und zwar als Ganzes, Altes wie Neues Testament, wird mit der Zeit merken, daß es Themen gibt, welche durch die ganze Bibel bezeugt sind und welche ihr Telos, ihre Zielsetzung, in Jesus Christus im Neuen Testament bekommen. Ich denke hier zum Beispiel an solche Themen wie »Fluch und Segen«, »Hirten und Herde«, »Schuld und Vergebung«. Auch ist die Bibel ein Bilderbuch des Glaubens, wie es in den bemalten Kirchen zu sehen ist.

Der obige Text ist auch Teil eines solchen gesamtbiblischen Themas, und dieses Thema ist auch immer durch ein Bild bezeugt. Das Thema heißt »Leben/Tod und Reinheit«, und das entsprechende Bild ist fließendes Wasser. Dieses Thema läuft durch die ganze Bibel, Altes wie Neues Testament. Es begegnet uns zum Beispiel bei der Sintflut, bildlich verdeutlicht durch fließendes Wasser. Diese Sintflut bedeutet Leben für Noah und seine Angehörigen und die Tiere, die bei ihm in der Arche sind, aber Tod für die übrige, untergehende Welt. Und gerade im Neuen Testament, in 1. Petrus 3,18–22, wird dieses Geschehen verdeutlicht in Beziehung zur Taufe. Hier geht dann der Weg Noahs und der Seinen durch das Wasser, das für die andern den Tod bringt, zum neuen Leben, gereinigt für den Herrn.

Und so ist es auch bei dem zentralen, grundlegenden Wunder im Alten Testament, nämlich bei Israels Errettung am Schilfmeer. Israel geht durch das für die Ägypter todbringende Wasser (welches vom Wind, Zeichen des Heiligen Geistes, gespaltet wird) gereinigt zum neuen Leben in dem Herrn – aber seine Feinde werden dem Tod übergeben. Ich nenne hier nur zwei von vielen Beispielen im Alten Testament, daß fließendes Wasser immer Leben/Tod und Reinheit bedeutet. Und dieses Thema ist im Neuen Testament konsequent weitergeführt. Um nur zwei Beispiele zu nennen: Jesus trifft diese besudelte Samariterin am Brunnen. Er bezeugt sich da, am Ort des fließenden Wassers, als ihre Reinheit, als der, welcher sie aus dem jetzigen und ewigen Tod herausführen wird zum neuen Leben in ihm.

Der große christliche Maler aus Siena, Duccio, hat im 14. Jahrhundert sehr gut diesen biblischen Zusammenhang begriffen, denn er malte diese Samariterin bei einem Taufbecken. Zwar ist das nicht historisch wahr, aber im tiefsten Sinne der biblischen Aussage sehr treffend. Und dann, um noch eines von vielen zentralen Beispielen im Neuen Testament zu nennen, denken wir an den gekreuzigten Christus, wie er durchbohrt wird und wie Wasser, nicht nur Blut, aus seinem Leib quillt. Warum? Weil Christus unsere endgültige Reinheit ist durch sein Kreuz. In seinem Tod bezeugt er diese Reinheit, und wer mit ihm in Kreuzesnachfolge lebt, wird mit ihm auferstehen zum ewigen Leben. Und deswegen geht es bei all den Erscheinungsbegegnungen des Auferstandenen, ob es die Begegnung mit Maria Magdalena oder den

Emmausjüngern oder dem zweifelnden Thomas ist, immer um das Kreuz als Wegweisung zu einer Kenntnis bzw. Erkenntnis seiner Auferstehung. Maria Magdalena sucht seinen gekreuzigten Leib und trifft dann den Auferstandenen. Die Emmausjünger bekommen eine tiefe Kreuzespredigt zu hören, und dann erkennen sie ihn (Jesus) als den Auferstandenen; und Thomas legt sogar seine Finger in Jesu Wundmale. Er begegnet bewußt dem Auferstandenen. Aber bei der Begegnung mit Petrus am See Genezareth, der letzten solcher Begegnungen, wird nochmals Wasser, fließendes Wasser ins Zentrum gerückt, als die todbringende Schuld von Petrus, seine dreifache Verleugnung Jesu, ans Licht gebracht und bereinigt wird, indem er dem Leben bringenden Auferstandenen begegnet.

So ist obiger Text in der Tiefe zu verstehen. Aber dazu hat dieser Text noch mit einem anderen zentralen biblischen Thema zu tun, nämlich der Herrschaft des Gottes Israels über alle Völker – vorgedeutet auch durch die verschiedenen Heiden, welche ihn, wie Naaman, als Gott angenommen haben. Wir denken hier zum Beispiel an die Sklaven, welche beim Auszug aus Ägypten durch Mose mit Israel herauskommen aus diesem Land. Wir denken an Rahab von Jericho. Wir denken an die Gibeoniter, die Wasserträger, welche sich als kleines Volk Israel angeschlossen haben. Und wir denken auch an die vielen Gottesfürchtigen im Neuen Testament, die, wie der Hauptmann von Kapernaum, den Gott Israels anbeteten. Und so gehört der Syrer Naaman auch in diese Reihe. Damit wird ein Doppeltes gezeigt:

1. Der Herr, der Gott Israels, ist der Herr über alle Völker. Alle anderen Götter sind Götzen.

2. Hier wird vorgedeutet, daß das Heil in diesem Gott Israels für alle Völker kommt, dann im Neuen Testament durch Jesu Missionsbefehl.

Interessant sind hier die zwei Zeugen, daß Elisa als Prophet des Herrn diesen total unreinen, aussätzigen und heidnischen Naaman heilen konnte. Merkwürdige Zeugen, ein israelitisches Mädchen und heidnische Knechte des Naaman. »Zwei Zeugen« spielen auch eine zentrale Rolle in unserer Bibel, wie auch heute in unseren Gerichtsverhandlungen. Auch dies ist ein gesamtbiblisches Thema. Wir denken so zum Beispiel an Josua und Kaleb, die Gottes Angebot, dem Volk Israel das Heilige Land zu geben, annehmen wollen, auch wenn die anderen zehn Kundschafter dagegen sind. Und so haben wir zwei himmlische Zeugen von Jesu Auferstehung, von denen einer zu Häupten und der andere zu den Füßen seines Leichnams saß – Engel, denn die Auferstehung ist ein himmlisches Ereignis, nicht etwas, das aufgrund irdischer Kraft passiert. Und so stehen im Zentrum dieses biblischen Themas die zwei Zeugen, daß Jesus, der Gekreuzigte, Gott ist. Neben Jesus ist ein jüdischer Mörder gekreuzigt und unter Jesu Kreuz steht ein heidnischer Hauptmann. Warum gerade diese zwei? Weil Jesu Heilstat Juden wie Heiden gilt, auch Mördern und sogar unseren Feinden. Und so sind unsere zwei Zeugen, ein israelitisches Mädchen und heidnische Knechte, zu verstehen, daß der Herr, der Gott Israels, der Herr ist und dann in der Mission als ihr Herr offenbart wird, nicht nur den Juden, sondern auch den Heiden, sogar den Minderjährigen und, wie der Philemonbrief bezeugt, auch den Knechten.

Wichtig ist hier auch diese Aussage in bezug zu dem Herrn, unserem Herrn, dem Gott Israels und der Heiden Heiland:

1. Der König von Israel bezeugt: »Bin ich denn Gott, daß ich töten und lebendig machen könnte?« (Ja, nur Gott kann das tun und wird es tatsächlich hier tun für den todgeweihten, aussätzigen Naaman.)

2. Der Prophet Elisa bezeugt wohl, daß er ein Prophet des Herrn ist, Vermittler seines Tuns – »Laß ihn zu mir kommen, damit er innewerde, daß ein Prophet in Israel ist.« Aber dann, anders als Naaman erwartet, geht Elisa nicht selbst mit Naaman zum Jordan, zum heiligen Fluß, und ruft nicht seinen Gott an und hebt nicht seine Hand auf zum Heiligtum, sondern er sagt nur, was Naaman tun soll. Das bedeutet, ich, Elisa, tue es nicht, auch wenn ich Prophet des Herrn bin, sondern er, der lebendige, reine Gott vollzieht die Heilung vom Aussatz, ihm allein zur Ehre.

3. Dann bezeugt Naaman, »daß kein Gott ist in allen Landen, außer in Israel.«

Ja, dieses siebenmalige Untertauchen bedeutet die sieben Tage der Welterschaffung (einschließlich des Tages, an dem Gott von allen seinen Werken ruhte). Er, der Schöpfer, bringt Reinheit, und zwar neues, gereinigtes Leben aus dem Tod. Und so ist dieser Text zu verstehen in bezug auf die Taufe. Paulus bezeugt in Römer 6, daß wir unter Wasser, in den Tod, in Jesu reinheitsbringenden Tod getauft werden. Und so bezeugt Petrus nochmals in 1. Petrus 3,18–22, daß wir auch in Jesu Auferstehung getauft werden, aus dem Tod herausgeholt werden zu neuem Leben – so wie Noah durch die Sintflut ging, gereinigt für die neue Welt, das neue Leben im Herrn. Aber hier bei Naaman geht es nicht nur um eine Vordeutung der Taufe, und zwar für Heiden, sondern es greift tiefer, es geht *um ein Glaubenszeugnis.* Denn niemand kommt ins Himmelreich, weil er getauft ist, sondern weil er getauft wird und glaubt. Und so bezeugt Naaman, »Siehe, nun weiß ich, daß kein Gott ist in allen Landen, außer in Israel.« Und so mächtig ist dieser Herr, daß er Naaman gnädig ist, wenn er aus Dienstverpflichtung an der Götzenanbetung seines Königs teilnehmen muß. Hier ist nochmals eine zentrale Vordeutung darauf, daß das Heil auch an die Heiden gehen wird, und daß der Herr, der Gott Israels, mächtiger ist als alle Götzen.

Heute leben wir mit allen möglichen Angeboten des Heils, sie reichen von Götzen und fremden Kulten bis zur Selbsterlösung durch gesetzliche und mystische Handlungen. Aber hier in diesem Geschehen im 9. Jahrhundert vor Christus wird deutlich bezeugt, daß der Herr, der Gott Israels, den wir als Jesus Christus kennen, der einzige Gott ist, daß sein Angebot des Heils für Juden wie für Heiden gilt, und daß dieses Angebot des Heils auch durch junge Menschen, wie dieses israelitische Mädchen, bezeugt wird. Der Herr Jesus Christus ist Gott, es gibt keinen anderen außer ihm. Er hat uns am Kreuz Reinheit gebracht, ja, Frieden mit dem Vater. Wer mit ihm, dem Gekreuzigten und Auferstandenen, lebt und stirbt, der wird mit ihm auferstehen zu seinem ewigen Reich.

Gelobt seist du, o Herr!

Im Lande Sebulon und Naftali

Als nun Jesus hörte, daß Johannes gefangengesetzt worden war, zog er sich nach Galiläa zurück. Und er verließ Nazareth, kam und wohnte in Kapernaum, das am See liegt im Gebiet von Sebulon und Naftali, damit erfüllt würde, was gesagt ist durch den Propheten Jesaja, der da spricht (Jesaja 8,23; 9,1): »Das Land Sebulon und das Land Naftali, das Land am Meer, das Land jenseits des Jordans, das heidnische Galiläa, das Volk, das in Finsternis saß, hat ein großes Licht gesehen; und denen, die saßen am Ort und im Schatten des Todes, ist ein Licht aufgegangen.«

Seit der Zeit fing Jesus an zu predigen: Tut Buße, denn das Himmelreich ist nahe herbeigekommen!

Matthäus 4,12–17

Ich weiß nicht, ob Sie sich schon einmal Gedanken gemacht haben, warum Jesus gerade im Lande Sebulon und Naftali gewirkt hat, wie es in obigem Text steht.

Zwar ist am anderen Ende des Sees heidnisches Land, aber Sebulon und Naftali gehören zu den zwölf Stämmen und ihr Land war Bestandteil des Nordreichs (Israel). Galiläa aber gilt fast als heidnisch, vor allem weil es angrenzt an heidnisches Gebiet, auch weil die Galiläer, anders als zum Beispiel die Judäer, nicht so gesetzeskundig waren. Aber dazu folgendes: Steht es nicht deutlich geschrieben im Alten Testament, daß Naftali unfähig war, die Kanaaniter aus ihrem Lande zu vertreiben (Richter 1,33), und bedeutet das dann nicht, daß dieses Land direkt durch heidnischen Einfluß (mitten unter dem Volk Gottes) verunreinigt war? Dazu steht deutlich geschrieben in der Thora, 5. Mose 27, unter den Fluchworten, daß Sebulon und Naftali, gerade die Gegend, in der Jesus gewirkt hat, verflucht waren, denn die Fluchworte, die sie aussprachen, trafen sie selbst. Deswegen diese prophetische Aussage in Jesaja, Kapitel 8:»Doch es wird nicht dunkel bleiben über denen, die in Angst sind. Hat er in früherer Zeit in Schmach gebracht das Land Sebulon und Naftali, so wird er hernach zu Ehren bringen den Weg am Meer, das Land jenseits des Jordans, das Galiläa der Heiden.« Dieser prophetische Text zielt direkt, sehr direkt auf Jesus Christus. Und die Aussagen über das heidnische Galiläa haben eine zweifache Bedeutung: Dieses nicht so rein jüdische Galiläa, das Land Sebulon und Naftali, wird sein Heil erfahren, aber auch die Heiden werden Heil erfahren in Christus. Und vergessen wir auch nicht, daß Sebulon und Naftali, das Land am See Genezareth, auch sehr positive Zeiten gehabt hat: Sah nicht Mose kurz bevor er starb das ganze Naftali als erstes vom Heiligen Land? Ist diese Aussage dann nicht messianisch, wenn hier auch der Erfüller des Gesetzes Mose, Jesus Christus, zuerst wirkt? Und die kämpfende Debora hat in ihrem kriegerischen Überblick über die Haltung der zwölf Stämme im Kampf (Richter 5) deutlich betont, daß beide, Sebulon und Naftali, stark gekämpft haben gegen die Feinde Israels, während andere Stämme ihr Teil nicht beitrugen.

Jesus kam zu diesem heidnischen Galiläa, diesem Grenzland, um zu zeigen, daß er für alle da ist, auch für solche, bei denen die Finsternis regiert und religiöses Versagen das tägliche Leben geprägt hat. Diese Handlung Jesu ist zeichenhaft für seine Hinwendung zu dem Dunkelsten, Heidnischsten in seinem eigenen Volk, und zugleich zeichenhaft für sein Heil auch für die unreinen Heiden.

Ich habe schon oft überlegt, warum Orte, die in der Vergangenheit so viele Glaubensmänner hervorgebracht haben, jetzt geistlich leblos sind. Und andere Orte, welche in der Geschichte unserer Kirche keine bedeutende Rolle gespielt haben, werden dann plötzlich zum Zentrum des Glaubens. Gerade Jesu Hinwendung zum »heidnischen Galiläa« ist dann nicht nur eine prophetische Erfüllung – das ist sie auch –, sondern noch mehr eine Art, zu sagen: »Mein Geist weht wann und wo er will«. So hat Luther biblisch mit vollem Recht betont, daß niemand weiß, wie lange Gottes Geist in einem Ort, in einem Land wehen wird. Und deswegen müssen wir jetzt sein Heilsangebot annehmen, bevor es zu spät ist. Und so ist das im übertragenen Sinne für unsere Person gemeint. Niemand weiß, wann sein Tag und seine Stunde kommen wird, wann er sterben muß, und *deswegen ist Buße tun (Jesus predigte zuerst Buße) eine Frage des Heute und nicht des*

Morgen. Morgen kann es zu spät sein, wie bei dem reichen Kornbauern.

Sebulon und Naftali haben ihre Zeit gehabt. Jesus predigte vor allem gerade am See Genezareth in der Stadt Kapernaum. Heute ist von Kapernaum kein Haus mehr zu sehen, denn Jesus hat diese Stadt wie Chorazim verflucht, weil sie seine Botschaft nicht angenommen hatte. Nur Touristen sind da heute zu sehen, denn »die Stadt Jesu« ist nur noch Stein und ein Ort der Erinnerung. Seine Botschaft, sein Heiliger Geist weht jetzt woanders, in ganz entfernten Teilen der Welt, wie zum Beispiel in Südkorea oder in Indonesien. Und wie lange weht sein Geist noch hier bei uns? Wie lange wird es für uns noch möglich sein, den Samen des Wortes Gottes in seinem Namen auszustreuen auf guten Boden und auf gute Frucht und Ernte zu hoffen? Niemand weiß das. Das steht allein in Jesu Händen, und wir können nur beten, daß er sich erbarmt und uns gnädig bleibt, daß wir nicht, wie viele andere Orte, zurückfallen in tiefste heidnische Dunkelheit und Verlorenheit.

Interessant, sehr interessant an diesem Text ist auch, daß Jesus auftritt, nachdem Johannes gefangengenommen worden war und zwar mit der Botschaft: »Tut Buße, denn das Himmelreich ist nahe herbeigekommen!«

Johannes der Täufer war der letzte und vollmächtigste Prophet des Alten Bundes, und Jesus ist der Weg, der Eingang zum Neuen Bund für alle Völker, zur Erfüllung dessen, was im Alten Testament geschrieben steht: »Abraham (Israel), in dir sollen gesegnet werden alle Geschlechter auf Erden.« Es ist kein Zufall, daß Jesus erst anfing zu predigen, nachdem die Stimme des Johannes verstummt war, und daß seine Botschaft, wie die des Johannes, die Botschaft der Umkehr, der Buße war. Es ist auch kein Zufall, daß Jesus zuerst am See, wo Juden und Heiden lebten, seine Botschaft verkündigte, denn damit wollte er zeigen, daß diese Botschaft über alle Gewässer gehen wird als Heil für die Völker.

Der Auftrag des Johannes war es, den Messias Israels zu finden, zu taufen, niederzuknien vor ihm und damit zu zeigen: Du bist der, auf den Israel, unsere Väter, immer gewartet hatten. Johannes taufte Jesus, um zu zeigen: Hier ist die Reinheit Gottes, welche unsere Sünden abwaschen wird. Und die Stimme des Johannes wird verstummen, und seine Taufe nur mit Wasser wird zu einem

Ende kommen; denn er, und mit ihm das Volk Israel, ist am Ziel der Verheißung, gegeben in uralter Zeit, den Messias, das Heil der Welt, als seinen Sohn hervorzubringen für die ganze Welt.

Und Jesus predigte, genauso wie Johannes, Buße, *denn Buße ist die Voraussetzung für Gnade.* Viele verharmlosen Jesus heute und denken, daß Jesus nur Trost gepredigt habe. Jawohl, Trost hat er gepredigt, aber Trost durch Buße, durch Sich-beugen vor dem allmächtigen Herrn, wie es sogar Johannes tat, um uns von ihm reinigen zu lassen von unseren Sünden – deswegen diese Zeichenhandlung, die Taufe. Vergessen wir niemals, daß gerade dort in Sebulon und Naftali, wo er hinging, um Ehre zu bringen, wo früher Schmach war, seine letzten Worte bis jetzt Weherufe, Verfluchung waren. Er bietet das Heil an, aber die Welt, auch sein Volk und seine Stadt, hat dieses Licht nicht begriffen. Und wir?

In Kapernaum gab es anfangs viele Menschen, die die gehörte Botschaft Jesu annahmen und ihm nachfolgten. Es gab viele Menschen, welche von ihm durch Glauben geheilt wurden – aber wer stand am Schluß dann zu ihm? Sogar seine eigenen Jünger aus Sebulon und Naftali haben ihn am Kreuz im Stich gelassen. Und wir heute? An ein Zweifaches sollen wir denken:

1. Es gibt immer noch sehr viel Dunkelheit unter uns, viele, viele Menschen, die nicht Buße getan haben, sich nicht bekehrt haben. Wer weiß, wann es in ihrem Leben zu spät sein wird? Der Ruf zur Buße, zur Reinheit in Christus, ist so aktuell wie eh und je, denn wer weiß, wie lange der Heilige Geist unter uns noch wehen wird?

2. Zu Jesu Zeit sind viele, die ihm gefolgt sind, von ihm abgefallen. Jesus tat nicht mehr, was sie wollten, wann sie wollten, wie sie wollten – und sie fielen ab von ihm. Manche hier haben mit Begeisterung Jesus angenommen und sind schnell wieder abgefallen, *weil Begeisterung, die erste Liebe, nicht so anhält. Sie müßte vertieft werden durch sein Wort, in seiner Gemeinde, durch tägliche Buße.* Und andere sind lau geworden. Die Sorgen der Welt umschlingen ihren Glauben und erwürgen ihn langsam zu Tode. »Ja, ich glaube«, sagen sie, »aber schauen Sie, wie viel ich zu tun habe in meinem Beruf, in der Schule«. Jesus muß in unserem Leben an erster Stelle stehen, sonst ist er nicht Herr unseres Lebens. Deswegen predigte Jesus am Anfang Buße, und sein Kreuz ist nichts anderes als ein endgültiger Bußruf

für uns verlorene Menschen. Wie laut, wie deutlich spricht er noch in unserem Leben, an unserem Ort, in unserer Gemeinde? Hören wir auf seinen Ruf: »Tut Buße, denn das Himmelreich ist nahe herbeigekommen!«

»Du sollst deinen Vater und deine Mutter ehren«

Die meisten Christen kennen dieses Gebot als das vierte Gebot, für Israel ist es das fünfte.

Das fünfte Gebot nach Mose (2. Mose 20,12):

> *»Du sollst deinen Vater und deine Mutter ehren, auf daß du lange lebest in dem Lande, das dir der Herr, dein Gott, geben wird.«*

Martin Luther hat mit vollem Recht gesagt: »Alle Gebote kommen aus einem Gebot, und dieses Gebot ist unerfüllbar, das erste Gebot.« Luther hat sogar gesagt: »Die ganze Bibel ist eine Auslegung des ersten Gebots: ›Du sollst keine anderen Götter haben neben mir‹.« Deswegen soll man immer, wenn man ein Gebot auslegt, jedenfalls ist das meine Auffassung, es in Beziehung zum ersten Gebot auslegen. Was hat das fünfte Gebot mit dem ersten Gebot zu tun? Ich weiß nicht, ob Sie wissen, daß es in Israel eine Pflicht ist, daß die Eltern ihren Kindern erzählen müssen von den Wundern, welche der Herr, der Gott Israels, an seinem Volk getan hat.

Hier ist eine direkte Beziehung: Wir sollen die Eltern ehren, weil die Eltern Gott ehren sollen. Woher kommt das? Wie und woher hat Mose erfahren und gewußt, daß er ein Hebräer war, obwohl er als ägyptischer Prinz erzogen war? Weil seine Mutter ihn die ersten vier Jahre seines Lebens erzogen hat. Wir wissen, daß die Kinder in jener Zeit vier Jahre lang durch die Muttermilch ernährt wurden. Und Jochebed hat diese zentralen Verheißungen Gottes an das Volk, die Verheißungen, die Abraham gegeben worden waren, an ihr Kind Mose weitergegeben: Ein Land wird uns gegeben, ein großes Volk werden wir sein, wer uns segnet wird gesegnet, wer uns verflucht wird verflucht, und durch dich werden gesegnet alle Völker auf Erden.

Es steht in der Thora, im Gesetz, daß die Eltern ihre Kinder zu dem Gott Israels hin erziehen müssen, wenn sie richtige jüdische, israelitische Eltern sind. Ich frage mich heute, ob diese Pflicht unter Christen ernst genommen wird. Und ich weiß, daß die Antwort im allgemeinen »nein« ist. Es ist eine Pflicht, daß den Kindern die Wunder, welche der Gott Israels an seinem Volk getan hat, immer wieder vor Augen gestellt werden. Für uns Christen bedeutet das, daß wir unsere Kinder dahingehend erziehen sollen, daß sie zu einer Kenntnis der Kreuzigung Jesu, der Auferstehung Jesu, des Pfingstwunders und Gottes Führung durch die Geschichte in Jesus Christus für uns in unserem eigenen Leben kommen. Und wenn wir das nicht tun, dann brechen wir das fünfte Gebot, weil wir dann nicht mehr dastehen als Vermittler von Gottes Weg an das Volk Israel, an das neue Volk Israel. Das ist eine Verpflichtung an uns als Eltern. Das ist das erste.

Zweitens:
Das Leben ist von Gott empfangen. Und wie empfangen wir das Leben persönlich? Durch unsere Eltern, vor allem natürlich durch unsere Mutter, die uns unter dem Herzen trägt und durch die Geburt zur Welt bringt. Die Eltern sind Vermittler des höchsten Gutes, und das höchste Gut ist in Israel das Leben selbst. Wir Christen kennen noch einen tieferen Sinn, nämlich den, daß Jesus Christus in die Verneinung des Lebens gehen mußte, in den Tod, die Strafe für die Sünde auf sich nahm, damit er neues Leben für uns gewinnen konnte. Leben ist das höchste Gut für uns Christen. Warum? Weil Jesus Christus sagt: »Ich bin das Leben.« Wir sind zwar Kinder unserer Eltern, aber wir empfangen unser Leben von Gott.

Hier ist eine direkte Verbindung zwischen unserer Beziehung zu unseren Eltern, die uns das irdische, leibliche Leben gaben, und unserer Beziehung zu Gott, der der Urheber des Lebens ist, der über Leben und Tod entscheidet. Jesus Christus hat sein Leben für uns gegeben, damit für uns der Weg zu ewigem Leben bereitet ist. Er sagt: Ich selbst bin das Leben. Ich weiß nicht, ob bekannt ist, daß im Alten Testament das Selbstverständnis eines Israeliten folgendes ist: Er versteht sich nicht nur als Sohn seines Vaters, sondern auch als ein Sohn des Gottes Israels. Schauen Sie einmal in der Konkordanz nach, wie oft das Wort »Vater« im Alten

Testament vorkommt; Vater in bezug auf Gott, Vater in bezug auf unseren leiblichen Vater. Um unseres Vaters willen sind wir, wer wir sind, bis ins vierte Glied – Urgroßvater, Großvater . . . Wir sind dann das vierte Glied. Das bedeutet, mein eigenes Verständnis meines Lebens kommt aus dem Leben, das Gott mir über meine Mutter gibt, und aus dem Wissen, der Sohn oder die Tochter meines Vaters zu sein. Deswegen ist das Wort »Ben« heute so gewöhnlich in Israel: Ben bedeutet: Sohn des . . . ›Josef Ben Isaak‹ heißt: Josef, Sohn des Isaak. Dieser Josef ist zu verstehen als der Sohn des Isaak. Aber wie ist er im tiefsten Grunde zu verstehen? Das sehen wir über den Segen Jakobs für alle die Stämme Israels. Er ist zu sehen als ein Sohn Israels. Jakob, der mit Gott kämpft, bekommt den Namen Israel. Und das ganze wird gesegnet werden. Das bedeutet: Er ist ein Sohn seiner Eltern, ein Sohn des Inbegriffs Israels; Jakob, der Israel geworden ist, bekommt die Verheißung, weil er ein Sohn des lebendigen Gottes ist. Und uns gilt die Verheißung, weil wir Kinder Gottes sind.

Diese Beziehung des fünften Gebots zum ersten ist sehr zentral. Wir sollen keinen Gott neben Jesus Christus haben. Die Eltern verpflichten sich bei der Taufe – ich mache das sehr deutlich beim Taufgespräch: Ihr seid verpflichtet, dieses Kind zu Jesus Christus hin zu erziehen! Was bedeutet das? Das Kind soll hingeführt werden zum Gebet, zum Bibellesen, zum Gemeindeleben. Und wer das nicht tut, lügt Gott an. So ist es auch in Israel. Man ist verpflichtet, und wenn man das nicht tut, lügt man Gott an und steht in einem sündigen Verhältnis zum Vater, zu Jesus.

Das ist der zweite Punkt.

Drittens:
Das fünfte Gebot (oder das vierte Gebot) steht am Anfang der zweiten Tafel. Warum? Weil alle anderen Gebote der zweiten Tafel von diesem Gebot abhängen, wie *alle* Gebote von dem ersten abhängen – vor allem die der ersten Tafel, aber auch die der zweiten. Es verhält sich bei der zweiten Tafel so: Wenn wir Vater und Mutter wirklich ehren, dann soll alles, was in den Geboten danach steht, natürlich dazu gehören: daß wir nicht töten, nicht ehebrechen, nicht stehlen, nicht falsches Zeugnis geben und den Besitz unseres Nächsten nicht begehren (9. und 10. Gebot zusammen). Wir sollen Vater und Mutter ehren, weil Vater und

Mutter ethisch und moralisch Beispiele für uns sind. Wie sollen sie ethisch und moralisch Beispiele für uns, für unser Benehmen sein? Dazu bekommen sie die Kraft nur aus ihrem Verhältnis zu Jesus Christus. Nur wer in Jesus Christus lebt, sein Leben ihm übergeben hat, neugeboren ist in ihm, empfängt eine neue Wirklichkeit, die Wirklichkeit der Gnade, die Wirklichkeit des Friedens und des Geführtwerdens.

Das wandelt einen Menschen um, das verändert ihn innerlich. Seine Werke werden nicht mehr *seine* Werke sein – wie bei den Humanisten, die sagen:»Ja, wir können auch ein gutes Beispiel geben.« Warum? Weil sie aus Werkgerechtigkeit leben:»Wir vollbringen unsere guten Werke, wir schaffen das Gute für die Völker, wir tun Gutes für die Menschen in Not.« Als reformatorische Christen wissen wir, daß das so nicht möglich ist. Wir wissen, daß alle unsere Werke mit Egoismus befleckt sind. Ich will es an den anderen und mir selbst zeigen, wer ich bin; ich bin ein guter Mensch. Nur wer neugeboren ist in Jesus Christus, ist neugeboren in der Liebe Gottes. Und die Liebe Gottes ist die Grundlage der Nächstenliebe.

Die zweite Tafel hat es mit der Nächstenliebe zu tun. Es gibt wenige Menschen, die wir lieben, wenige Menschen, die ich von Natur aus liebe. Es gibt Pfarrer, die etwas vortäuschen, indem sie sagen:»Ich liebe alle Menschen.« – Unsinn! Der natürliche Mensch liebt wenige Menschen. Aber ich liebe Jesus Christus, und Jesus Christus ist die Liebe selbst. Und ich weiß, daß Jesus jeden von uns liebt. Auch wenn ich nicht jeden Menschen liebe – wie kann ich das, ich kenne die meisten Menschen, die auf dieser Erde leben, doch gar nicht –, so liebe ich aber doch Jesus und weiß, daß er jeden Menschen liebt und mir die Kraft gibt, seine Liebe weiterzugeben.

Diese Liebe ist, wie Augustin das in den Mittelpunkt stellt, Mission, aber diese Liebe hat auch mit dem Elternbeispiel zu tun. Wenn ich aus der Liebe Jesu Christi lebe, spüren das meine Kinder. Nicht wenn ich aus Gesetzlichkeit lebe, bin ich ein gutes Beipiel für meine Kinder. Die Gesetze – Gebote Gottes – als Gesetzlichkeit zu stempeln, das ist nicht der Weg, mit Gottes Gesetzen umzugehen. Sondern, wenn ich aus der Liebe Jesu Christi lebe und dann aus seiner Liebe, aus dem ersten Gebot, die Beziehung zu den Gesetzen gewinne, dann, nur dann kann ich ein wahres Beispiel sein für meine Kinder und für die Menschen um mich her. Denn sie werden spüren, daß ich Christus liebe. Nur Christus ist wahre Liebe und gibt mir die Kraft der Liebe. Wer seine Kinder so aus der Liebe Christi hin zu den Gesetzen erzieht, wird ihnen dazu verhelfen, eine Beziehung zu Jesus zu gewinnen. Wer es jedoch als Gesetzeswerke tut – »Man muß das tun! Das ist Verpflichtung!« –, der tut es nicht aus der Liebe Jesu, sondern als sein eigenes Werk. Und diese Kinder werden das genauso spüren.

Das Beipiel, das wir geben, ist nicht ein Beispiel der Werke, es ist zuerst ein Beispiel der Liebe in Jesus Christus, und aus dieser Liebe wächst das Werk. Unsere Werke machen uns nicht gerecht, sondern weil wir einen gerechten Herrn haben, werden unsere Werke gerecht sein. So spüren Kinder – denken Sie einmal an Ihre eigene Kindheit –, ob ihre Eltern ein wirkliches Beispiel sind. Ein wirkliches Beispiel zu sein bedeutet, von der Liebe Jesu Christi geprägt zu sein.

Ich muß sagen, meine Großmutter war gar kein Christ, sie war eine tiefgläubige, fromme Jüdin, aber die Auswirkung, die sie beim Tod ihres Mannes auf ihre Kinder gehabt hat, ist bemerkenswert. Meine Großeltern waren 50 Jahre lang miteinander verheiratet und führten eine sehr gute Ehe. Meine Mutter erzählt mir heute noch folgende Geschichte: Als mein Großvater starb, hatte Großmutter frohe Augen, da war kein Weinen und keine Traurigkeit, sie hat alle getröstet, und sie sagte: »Der Herr, der Gott Israels, gibt, und der Herr, der Gott Israels, nimmt wieder weg. Geheiligt sei sein Name! Warum soll man traurig sein? Ich nehme an, was Gott mir gibt. Er hat mir eine gute Ehe, einen guten Mann gegeben. Ich bin sehr dankbar für die 50 Jahre, die ich mit ihm zusammen gehabt habe. Und jetzt akzeptiere ich mit Liebe, daß Gott sagt, es ist genug, es ist zu Ende.« Als alle weinten, war sie diejenige, die alle getröstet hat. Das ist ein tiefer Glaube, ein wahrer Glaube.

Ein Glaube, der von dem ersten Gebot ausgeht. Ein Glaube an Gott, daß in diesem Gott Israels, den wir als Jesus kennen, die wahre Kraft der Liebe, der Vergebung und Überwindung ist. Die Eltern sollen ihre Liebe zu Jesu bezeugen in ihrem Handeln. Und wenn sie das tun, wird die Möglichkeit, daß ihre Kinder Mord, Raub, Ehebruch usw. begehen, viel geringer sein. Wenn aber die

Eltern ehelos zusammenleben – wir haben das häufig, z.B. wegen der Rentengesetze usw. –, geben sie den Kindern ein schlechtes Beipiel. Möglicherweise ahmen dann die Kinder später einmal das negative Beispiel der Eltern nach. Und wie ist es mit »Du sollst nicht stehlen«? Ich gebe ein typisches Beispiel, das ich in einer Jungschargruppe ausgelegt habe. Das Abschreiben in der Schule ist stehlen. Man stiehlt eine Antwort von jemand, die uns nicht gehört. Da kommt der kleine Knirps nach Hause, er ist neun oder zehn Jahre alt, und sagt: »Pfarrer Jaffin hat gesagt, ich darf nicht mehr abschreiben.« Der Vater guckt ihn an und denkt: Ja, wenn mein Sohn nicht abschreibt, bekommt er mehrere Sechser. Und er sagt zu dem Sohn: »Hör' auf das, was Pfarrer Jaffin sagt, aber wenn du zufällig in Mathe neben Klaus sitzt und zufällig deine Augen direkt in sein Heft sehen, kannst du nichts dafür, daß deine Augen zufällig lesen, was da geschrieben ist – das kann nicht so schlimm sein.« Ja, durch ein solches Beispiel – »Hör, was der Pfarrer sagt, aber dann, aber, aber . . .«, kann ein Kind schlecht beeinflußt werden. Was für ein Beispiel ist das? Ein falsch Zeugnis. Was für ein Beispiel ist es, wenn man eine Mutter hat, die gerne und oft an der Ecke steht und mit vorgehaltener Hand zur Nachbarin sagt: »Ich vermute . . ., ich vermute . . . dieses Mädchen geht abends mit irgendeinem Jungen irgendwo rum . . .« oder, »der trinkt zuviel . . .« Und sie redet die ganze Zeit böse Sachen über Leute, Gerüchte, von denen sie gar nicht weiß, ob sie wahr sind oder nicht. Sie bricht das Gebot: »Du sollst nicht falsch Zeugnis reden wider deinen Nächsten.« Was soll man erwarten von ihrer Tochter? Sie wird vielleicht auch ein Mensch werden, der gern über andere allerlei Ungutes redet. Solch negative Beispiele von Eltern können sich später bei ihren Kindern schädlich, vielleicht gar gefährlich auswirken. Gerade auch an einem kleinen Ort ist die Versuchung, üble Rede weiterzugeben, groß. Über andere zu tratschen, Gerüchte weiterzugeben, das ist falsches Zeugnis.

Tratsch, um Menschen zu verletzen, ist falsches Zeugnis, weil man dabei ein falsches Ziel, eine schlechte Absicht im Sinn hat. Eltern sollten ihren Kindern aber ein gutes Beipiel geben.

Die erste Tafel der Gebote Gottes handelt von der Beziehung des Menschen zu Gott. Auf der zweiten Tafel stehen die Gebote, die es mit der Beziehung zu den Mitmenschen zu tun haben. »Ehre

Vater und Mutter« ist das erste Gebot in Beziehung zu Mitmenschen. In den Geboten davor geht es um die Beziehung zu Gott.

Viertens:

> *». . . auf daß du lange lebest in dem Lande, das dir der Herr, dein Gott, geben wird.«*

Das Volk Israel – Jakob heißt Israel und segnet alle Stämme. Das bedeutet, ein Segen geht über das ganze Volk und das ganze Land – Israel und Israel, Volk und Land. Er ist der Vater aller Stämme. Solange Gehorsam gegen die Eltern und gegen Gott vorhanden ist, wird das Volk im Land bleiben. So wiederholt auch der Epheserbrief dieses Gebot: »Ehre Vater und Mutter« und fügt hinzu, daß es das erste Gebot ist, das eine Verheißung hat: ». . . auf daß dir's wohl gehe und du lange lebest auf Erden.« Aber das war nicht der Fall. Und zwar haben wir im Alten Testament haarsträubende Beispiele, wie wir, die Juden, gegen Gottes Gebot in bezug auf das erste und das fünfte Gebot vorgegangen sind. Zum Beispiel: Wir haben gegen Gottes Gebot verstoßen, indem wir für den Moloch unsere eigenen Kinder umgebracht haben. Das bedeutet: Gegen die engste Familienverbindung innerhalb der Ehe haben wir verstoßen, denn wir haben den ältesten Sohn umgebracht und dem Moloch geopfert. Auch viele der späteren Könige Israels haben das getan. Damit haben sie Gottes Gebote gebrochen und das innere Familiengefüge zerbrochen, sie haben ihren ältesten Sohn, ihre Verheißung, selbst zerstört. Moloch! Das ist einer der Hauptgründe, warum das Volk aus dem Land vertrieben wurde.

Solange das Volk das Gebot hielt, blieb es im Land. Auch uns wird im Epheserbrief gezeigt, daß wir eine Verpflichtung haben unseren Kindern gegenüber – und diese Verpflichtung besteht eben gerade nicht darin, sie zu opfern, zu töten, sondern ihnen zum wahren Leben zu verhelfen. Wir sehen in der Josefgeschichte, was passiert, wenn die Brüder dem Vater nicht gehorchen, wenn sie gegen den Lieblingssohn des Vaters vorgehen. Das ist menschlich leicht zu erklären: Sie sind eifersüchtig. Aber die Not, die durch ihr Handeln entsteht, ist unermeßlich groß.

Wir sehen in der berühmten Geschichte von David und Absalom, was passiert, wenn in Israel ein Sohn seinen Vater nicht ehrt, und zwar was für einen Vater! David war der Inbegriff aller

Könige, der größte König Israels, bis Jesus. Und Absalom, was tut er? Er sagt: »Ach, mein Vater ist ein alter Herr geworden. Ich will herrschen.« Er war der Lieblingssohn. Natürlich, da war ein großes Verhängnis in dieser Familie. Er war der dritte Sohn, aber der Lieblingssohn, der begabteste Sohn. Aber er war eitel, eitel wegen seiner schönen langen Locken. Ja, er hat den Leuten Recht gesprochen, was eigentlich sein Vater tun sollte, um Leute zu gewinnen, sie wegzuziehen von seinem Vater. Und er wurde unruhig: »Ich will König sein, und mein Vater stirbt nicht. Mein Vater stirbt nicht, er lebt ewig. Vielleicht sterbe ich sogar vor ihm. Ich bin der Kluge, der Junge.« Und er machte einen Aufstand gegen seinen eigenen Vater. Und wir sehen, wie David auf Absaloms Handeln reagiert: Er verschont ihn, er läßt ausrufen: »Absalom darf nicht getötet werden.« Er wurde getötet gegen Davids Willen. Aber wir sehen, wie verhängnisvoll das alles war.

Diese Entwicklung ist natürlich eine Auswirkung von Davids Ehebruch. Dieser Aufstand Absaloms wurde für Israel verhängnisvoll. Das ganze Volk wurde in einen Bürgerkrieg gestürzt. Absalom ist das klassische Beispiel im Alten Testament für jemand, der dieses Gebot bricht. O ja, ich habe auch einen Vetter, dem ich sehr nahestand, der dieses Gebot sehr grundlegend gebrochen hat. Er sagte sich: »Mein Vater, das ist ein langweiliger Kerl. Ich aber bin jung und begabt.« – Ganz genau wie Absalom. – »Ach, der sitzt da hinter seinem Tisch als Jurist und macht alles sehr langweilig. Aber ich bin jung und klug, und ich will reich sein.« Und er war brillant, hat mit 25 Jahren Millionen Dollar gemacht. Für seinen Vater, der hinter seinem Tisch saß, hatte er nur Verachtung. Der Vater hatte ihn trotz allem sehr lieb. Eines Tages fing der junge Mann an, Rauschgift zu probieren. »Ich will mich austoben, was soll ich mit diesem Geld tun!« Auch begann er, mit bildhübschen Mädchen zu flirten. Die Einnahme von LSD (Rauschgift), das sich in seinem Gehirn festsetzte, wurde ihm zum Verhängnis. Er hat Selbstmord verübt. In seinem väterlichen Haus, gerade an der Stelle seiner Grundsünde, der Verachtung seines Vaters, nahm er sich das Leben. Er tat es, als seine Eltern weg waren. Und sein Vater, er ist ein enger Freund von mir, mein Onkel, ist seitdem ein Schatten von Mensch. Sein Sohn hat ihn nicht geehrt, und dies hat hier zum Selbstmord geführt. Der Vater ist total am Boden zerschmettert.

Es gibt Grenzen zu diesem Gebot »Ehre Vater und Mutter«, es ist nicht ein grenzenloses Gebot. Wo ist die Grenze? *Niemals dürfen unsere Eltern für uns wichtiger sein als Gott.* Das bedeutet: Die Leute, die die Familie in den Mittelpunkt stellen, die nur für das Familienglück leben, aber nicht Jesus Christus den Mittelpunkt der Familie sein lassen, begehen Götzendienst – alles dreht sich – ohne Jesus – einzig und allein um die Familie und so kann sie zum Götzen werden.

Unter der Führung Jesu Christi zu stehen und mit ihm als Mittelpunkt für die Familie zu leben, das ist kein Götzendienst. Aber wenn die Familie anstelle von Jesus das Zentrum unseres Lebens wird, dann haben wir einen Götzen vor uns. Wir sehen das deutlich im Alten wie im Neuen Testament. Was sagt Gott zu Abraham, dem Vater aller Israeliten? »Geh aus . . . deines Vaters Hause . . .« – Sein Vater Terach ging den halben Weg mit, aber er kam nicht ins Heilige Land. Abraham mußte weg von seiner ganzen Sippe, er mußte alles verlassen. Abraham hat Gott gehorcht. Er hat alles für Gott aufgegeben, auch seine Familie. Wie ging es weiter mit Abraham? Die Geschichte ist allzu bekannt. Wir wissen, daß Gott dem Abraham und seiner Frau Sara einen Sohn, den Isaak, schenkte und Abraham eines Tages auf die Probe stellte, indem er von ihm verlangte, den Isaak zu opfern.

Alle Verheißungen an Abraham wären dahin gewesen, hätte Isaak wirklich durch dieses Opfer sein Leben lassen müssen. Gott wollte Abraham prüfen, wen er mehr liebte, ihn oder seinen Sohn. Und Abraham weicht weder zur Rechten noch zur Linken und geht hin, um seinen Sohn Gott zu opfern. Warum? Weil Gott ihm diesen Sohn gegeben hat – sogar als Wunder. Leben gehört Gott und Gott hat die Prüfung gewollt. Dem Abraham war der Gott Israels wichtiger als sein eigener Sohn. Im Talmud gibt es ganze Kapitel darüber, was in Abrahams Kopf vorgegangen sei, als er unterwegs ist mit Isaak.

In der Bibel aber steht außer den folgenden Sätzen überhaupt nichts darüber: »Da sprach Isaak zu seinem Vater Abraham: ›Mein Vater!‹ Abraham antwortete: ›Hier bin ich, mein Sohn.‹ Und er sprach: ›Siehe hier ist Feuer und Holz; wo ist aber das Schaf zum Brandopfer?‹ Abraham antwortete: ›Mein Sohn, Gott wird sich ersehen ein Schaf zum Brandopfer.‹ Und gingen die beiden miteinander.« Abraham ging hin, machte ein Feuer und war bereit, seinen Sohn zu opfern, weil er Gott mehr gehorchte, als daß er seinen eigenen Sohn liebte. – Abraham war einer, der Gott angehörte und aus der Kraft Gottes lebte. Gott soll das Zentrum auch unseres Lebens sein.

Fünftens:
Und wie verhielt sich Jesus, als man ihm sagte:»Deine Mutter und deine Brüder stehen draußen und wollen dich sehen.« Er antwortete:»Meine Mutter und meine Brüder sind diese, die Gottes Worte hören und tun.« Das bedeutet, hier ist eine neue Familie in Jesus Christus. Das ist für uns sehr schwierig zu begreifen. Wenn wir wirklich Gott, Jesus in den Mittelpunkt stellen, wenn er den ersten Platz in unserem Leben einnimmt, dann werden wir zu unseren Mitchristen eine tiefe, neue Liebe gewinnen.

Das bedeutet nicht, daß wir aufhören, die leibliche Familie zu lieben, aber wir gewinnen eine neue Familie und eine neue Liebe zu dieser Familie. Und diese Familie – damit sind die Mitgläubigen gemeint – wird immer bei uns bleiben. Die anderen, wenn sie ungläubig sind und es auch bleiben, werden verdammt werden, nur die Mitgläubigen werden zu uns gehören in alle Ewigkeit. Wir sollen unsere leibliche Familie von Herzensgrund lieben, im Gehorsam dem Worte gegenüber:»Du sollst deinen Nächsten lieben ...«, aber die neue Familie ist mindestens genauso wichtig, denn das ist die Familie, die Jesus neu gewählt hat für uns.

Jesus sagt, ihm nachzufolgen ist wichtiger als die Beerdigung des eigenen Vaters. Für einen Juden ist das unmöglich, so etwas zu hören. Es ist eine der höchsten Pflichten, den Vater zu beerdigen. Wenn ich die Nachricht erhalten werde – und eines Tages wird sie eintreffen –, mein Vater liege im Sterben, dann werde ich mich unverzüglich auf den Weg zum Flughafen machen, um sofort in die USA zu fliegen. Ich habe vor ein paar Monaten die Nachricht bekommen, daß er fast gestorben sei. Ich war ganz bereit. Jesus sagte zu einem unter den Jüngern, der ihn um Erlaubnis bat, zuerst noch hingehen zu dürfen, um den Vater zu begraben:»Folge mir, und laß die Toten ihre Toten begraben!« Er ist tot, Jesus ist lebendig, Jesus ist Zukunft.»Wer Vater oder Mutter mehr liebt als mich, der ist meiner nicht wert.« Dieser Spruch hat mich Jahrzehnte lang begleitet. Und ich hoffe, daß er

Sie nicht in der Tiefe treffen muß. Mein Vater und meine Mutter versuchten, nichts mehr mit mir zu tun zu haben, weil ich eine Deutsche geheiratet hatte, Christ geworden war und dann schließlich auch noch Pfarrer. Obige Aussage Jesu hat mich mindestens ein Jahrzehnt lang beschäftigt. »Wer Vater und Mutter mehr liebt als mich, der ist meiner nicht wert.«

Dieses Wort zeigt Grenzen, die Grenze des Gebots, Vater und Mutter zu ehren; denn das hängt mit dem ersten Gebot zusammen. Und wenn Gott uns allein für sich haben will, und es bedeutet, daß dies auf Kosten unserer Beziehung zu unseren Eltern geht, dann muß das so sein. Gott sei Dank – und ich meine das sehr buchstäblich – Gott sei Dank, ist meine Beziehung zu meinen Eltern durch die Liebe Jesu Christi wiederhergestellt worden. Aber dieses Wort ist ernstzunehmen, und es drückt eine Grenze des Gebots »Ehre Vater und Mutter« aus. Der, der uns das Leben gegeben hat, der sein Leben für uns gegeben hat und einen neuen Weg, sein Reich für uns eröffnet hat, ist für uns wichtiger als Vater und Mutter.

Sechstens:

Im allerletzten Kapitel im Alten Testament, im Buch Maleachi, Kapitel 3, steht geschrieben, daß es eine Generationskluft gegeben hat, und daß dieser Zustand erst überwunden wird in dem Vorläufer des Messias, in dem wiederkommenden Elia.

Lesen Sie doch einmal Maleachi 3. Das setzt voraus, daß in der Zeit Jesu eine riesige Generationskluft da war zwischen Eltern und Kindern. Ich habe in Geschichte promoviert, und ich kenne die deutsche Geschichte sehr gut: Es gibt kein Volk, in dem dieses Problem, die Kluft zwischen den Generationen, noch tiefgehender ist als im deutschen Volk. Denn Deutschland ist ein Land der Umwälzungen. Das bedeutet, es gab die »Kaiserliche Generation«, die »Weimarer Generation«, die »Hitlergeneration«, es gibt die »Nachkriegsgeneration« und jetzt wächst die nächste Generation heran. Jede dieser verschiedenen Generationen ist total anders geprägt. Da besteht eine riesige politische und soziale Kluft. Das beruht auf vielen Ursachen, aber es ist eine historische Wirklichkeit.

Es gibt kaum ein Land, in dem die Generationskluft so ausgeprägt ist wie in Deutschland. Trotzdem muß ich als Amerikaner sagen, es gibt kein Land, in dem so viele Kinder von zu Hause weglaufen wie in Amerika. Als wir in Amerika waren, sahen wir täglich Fernsehberichte über Kinder, die von den Eltern weggelaufen sind. Und was wird aus diesen Kindern meistens? Sie werden Dirnen, werden rauschgiftsüchtig und oft genug für Kinderpornographie benutzt. Eine fürchterliche Sache! Und fast immer landen sie an diesen Orten. Eine große, tiefe Wahrheit, die ausgedrückt wird in Maleachi 3, daß es vor Jesus eine große Generationskluft in Israel gegeben hat. Wir sollen diesen Text in Beziehung zu Jesus verstehen.

Ist die Geschichte vom verlorenen Sohn nicht ein klassisches Beispiel für ein Kind, das seinen Vater nicht ehrt? Natürlich ist dieser Vater in doppelter Hinsicht zu verstehen: einmal als leiblicher Vater und zugleich auch als Gott, als himmlischer Vater. »Ach, der alte Mann, ach, mit seinen alten Wegen und seinen alten Einsichten.« Solche Aussagen kennen wir allzu gut, nicht wahr. »Ich will mein Erbe haben, es gehört mir!« – Das ist natürlich nicht biblisch. Mein Erbe ist in der Tradition Israels, in der Tradition des Christentums mit meinem Vater. »Ich will mit meinem Erbe in die Welt gehen, nicht in seine Welt, sondern in die Welt, die ich selbst gestalten will.« Der Sohn verschleudert sein Geld mit Dirnen und versinkt in die tiefste Tiefe der Schuld. Erst dann kehrt er zurück zu seinem Vater, total zerknirscht – und dieser nimmt ihn mit offenen Armen an.

Ich habe in der vierten Klasse, in der ich unterrichtete, gefragt: »Wer von euren Vätern würde das tun?« Ich war erstaunt über die Antwort von drei oder vier Schülern: »Ja, das würden meine Eltern tun.« Wahrscheinlich gibt es wenige unter uns, die das wirklich tun würden, wenn sie einen solchen Sohn hätten. Im letzten Grunde hat diese Geschichte mit Jesus Christus zu tun. Er will Versöhnung zwischen Vater und Sohn, aber es wird eine Versöhnung in ihm sein, denn er ist der, der Versöhnung bringt.

So erleben wir das auch immer wieder in der Gemeinde, daß die jungen Leute, die zum Glauben kommen, ihren nichtgläubigen Eltern von diesem Glauben weitersagen. Nehmen die Eltern diesen Glauben an, entsteht eine neue Beziehung zwischen Kindern und Eltern. Sie erwächst aus dem Glauben an Jesus Christus, aus der Liebe zu ihm, die sich auch an das erste Gebot gebunden weiß. Das ist eine sehr merkwürdige Entwicklung. Die Kinder, die zum

Glauben kommen, bringen die Liebe Christi zu ihren Eltern. Eine ehemals zerrüttete Beziehung zu den Eltern wird wiederhergestellt im biblischen Sinne, in der Liebe, welche Jesus Christus ist. Gott sei Dank!

Wir müssen bedenken, wie wichtig dieses Thema »Familie« auch für Jesus war. Als ich Christ geworden bin, sagte meine Mutter zu mir:»Ach, Jesus war kein guter Sohn. Er ging weg von seiner Mutter.« Und ich habe ihr geantwortet:»Ja, und was passiert dann am Kreuz?« Jesu weltliches Testament ist ein Testament der Liebe. Ich rede nicht über geistliches, sondern über weltliches Testament. Johannes und Maria unter dem Kreuz – »Das, Maria, ist dein Sohn; das, Johannes, ist deine Mutter.« So wichtig ist diese Beziehung zu seiner Mutter, diese Familienbeziehung, daß er aus seiner Liebe heraus seinen Lieblingsjünger (das ist kein Zufall) bindet, seine liebe Mutter zu sich zu nehmen.

Niemand kann behaupten, daß Jesus kein Interesse an seiner Mutter gehabt hätte und kein guter Sohn gewesen sei. Durch eines seiner letzten Worte am Kreuz sorgt Jesus für seine Mutter, indem er Johannes, seinem Lieblingsjünger – nicht Petrus, der war natürlich nicht dabei – dieselbe zur Fürsorge anvertraut. Das ist ein Testament der Liebe, das den Verlust ihres Sohnes überwindet. Es ist die Liebe, die Jesus für seine Mutter gezeigt hat.

Siebtens:
Wie sollen wir dieses Wort »ehren« verstehen in unserer Zeit? Bei meinen Konfirmanden lege ich es so aus:»Ehre Vater und Mutter«, was bedeutet das? Ich würde folgendes sagen: Ehren bedeutet in drei verschiedenen Lebensphasen drei verschiedene Dinge – als Kleinkind, als Teenager (dies ist ein schwieriger Lebensabschnitt) und wenn man erwachsen ist. Ehren heißt für Kleinkinder gehorchen. Wenn die Kinder im Alter von vier, fünf Jahren die Eltern herausfordern, schreien sie, daß sie z. B. mehr zu essen kriegen, oder sie wollen dieses und jenes tun und anderes wollen sie wieder nicht tun. Die Erfüllung unberechtigter Wünsche werden die Eltern versagen und aufbegehrendes Herumnörgeln werden sie unterbinden; die Kinder müssen gehorchen. Da geht es nicht um lange philosophische Gespräche darüber, ob nicht Spaghetti besser schmecken würden als Huhn, ob man nicht wirklich mehr essen könnte usw. Ausgedehnte Gespräche sind da

nicht nötig. Wenn die Kinder jung sind, bedeutet ehren Gehorsam.

Wenn die Kinder größer werden, wird diese Entwicklung immer mehr zu einer anderen hin abweichen. Dann bedeutet ehren, miteinander Gespräche zu führen. Die Eltern sollen die Kinder nicht reizen (Epheserbrief). Das ist eine Sache, die auf Gegenseitigkeit beruht.

Im Gespräch mit den älter werdenden Kindern sollen wir ihnen unsere Argumente zeigen. Bei Teenagern ist es auch wichtig, unsere Fehler, die wir ihnen gegenüber gemacht haben, einzugestehen. Wenn ich ständig darauf bestehe, daß ich recht habe, stelle ich mich für meine heranwachsende Tochter und meinen heranwachsenden Sohn als Gott hin. Meine Beziehung zu ihr oder ihm wird mit der Zeit total verlorengehen, denn sie werden mich durchschauen. Sie wissen, daß ich nicht unfehlbar bin. Gute Eltern geben zu, wenn sie Fehler gemacht haben. Sie sind bereit, Kompromisse zu schließen, sie sind bereit, Zeit für längere Gespräche mit ihren Jugendlichen zu investieren.

Aber, wenn solche Eltern, die vor ihren heranwachsenden Kindern ihre Fehler zugeben, mit ihnen Kompromisse machen können, lange Gespräche mit ihnen führen, dann trotzdem am Schluß in dieser Sache sagen: »Ich will, daß du das tust« – dann bedeutet ehren auch gehorchen. Aber gehorchen, nachdem all das andere vorausgegangen ist. Wenn wir Eltern zeigen, daß wir nicht allmächtig sind – das wissen die Kinder sowieso, mein Sohn hat das schon sehr jung gewußt –, wenn wir zugeben, daß wir Fehler machen, wenn wir bereit sind, Kompromisse mit ihnen zu schließen, dann öffnen wir einen guten Weg für eine Zukunft mit unseren Kindern. Wenn wir darauf bestehen und sagen: »Ich sage das als der Vater!« – wird es vielleicht eine Zeit geben, in der die Söhne und Töchter sagen: »Ich verlasse euch und will mit euch nichts mehr zu tun haben.« Das kann geschehen. Man muß lernen, Kompromisse zu schließen, begangene Fehler zuzugeben – so schwer das auch fallen mag gegenüber unseren Kindern. Aber ehren bedeutet hier für die Jugendlichen, wenn die Eltern nach langem Gespräch sagen: »Trotzdem will ich, daß du das tust«, daß sie dann doch gehorchen sollen.

Nun kommen wir zu meinem Jahrgang, zu den Erwachsenen. Was passiert, wenn ich meine Mutter und meinen Vater treffe?

Zwei Dinge passieren: Das erste, meine Mutter umarmt mich und sagt »David«, das ist immer sehr schön. Ich liebe meine Mutter sehr und ich umarme sie mit Liebe. Und das zweite – Abstand! Sie guckt mich an und sieht, wie wohlbeleibt ich bin. »David«, sagt sie, »zuviel fettes Zeug ißt du, sollst nicht so fettes Fleisch und nicht soviel Eis essen und dergleichen. Schau, wir haben beide Gallenprobleme gehabt. Du wirst das erben! Jetzt wollen wir essen gehen, und du wirst mir zeigen, daß du gesund essen kannst.« So gehen wir essen. Die Speisekarte wird vorgelegt, und meine Mutter bestellt einen Salat. Sie guckt mich an, um zu sagen, David, das ist das Beispiel für dich. Und ich bestelle einen Schweinebraten (meine Mutter hält die jüdischen Gesetze nicht, deshalb macht ihr das nichts). »David! Schweinebraten!« Meine Antwort lautet: »Mutter, ich kenne deinen Standpunkt, ich habe das gehört, und ich respektiere und liebe dich, aber ich bin jetzt ein erwachsener Mann und ich muß selbst entscheiden.« Das bedeutet »Ehre Vater und Mutter«, wenn man verheiratet ist. Das ist aber kein Grund für die jungen Leute, schnell zu heiraten. Es ist für einen verheirateten Menschen nicht gut, wenn er dann immer noch das tut, was die Mutter sagt. Möglicherweise wird er dann sein Leben lang ein Mutterkind bleiben. Das wird Schwierigkeiten in der Ehe verursachen. Man hört mit Respekt, aber man entscheidet selbst, wenn man erwachsen ist. Deswegen wird ein Mann seinen Vater und seine Mutter verlassen und an seiner Frau hängen.

Eltern – als solche haben wir einen sehr wichtigen Auftrag. Unser Auftrag ist, ich habe das vorher gesagt, daß die Kinder nicht gereizt werden. Nennen wir das im positiven Sinn. Je intensiver wir aus der Liebe Jesu leben, desto bessere Eltern werden wir. Das bedeutet nicht, daß wir weich werden sollen.

Ich bin vielleicht weicher als ich rede, aber das Weichsein ist nicht gut. Kinder müssen Grenzen wissen, sie müssen deutlich wissen, was richtig und was falsch ist. Aber bevor man Grenzen zeigt, muß man die eigene Grenze wissen. Es ist wichtig, zu wissen, ich stehe unter Gott, ich bin ein begrenzter Mensch.

Auch ist es nötig, von Christus mit seiner Liebe beschenkt zu werden und tägliche Führung durch das Gebet zu erhalten. Und wer meint, die Kinder immer richtig zu erziehen, wird merken, daß er versagt. Niemand erzieht seine Kinder richtig. Fragen Sie nur Ihre Kinder, sie werden Ihnen das deutlich sagen. Nie hat ein Mensch seine Kinder richtig erzogen. Und die vielleicht schlechtesten Eltern sind die Perfektionisten; alles muß bei ihnen richtig sein. Gute Eltern wissen, daß sie Fehler machen.

Wir leben als verlorene, sündige Menschen aus der Vergebung und aus der Liebe Christi. Begangene Fehler geben wir zu, auch gegenüber unseren Kindern, wenn sie alt genug sind, es zu verstehen. Kommt es vor, daß wir einmal mit unseren Kindern streiten, dann versuchen wir, wie beim Ehestreit, zurückzukommen durch die Kraft der Vergebung, die Jesus dem Bittenden schenkt. Das fünfte Gebot hängt ganz eng mit dem ersten Gebot zusammen. Wir werden gute Eltern sein, je tiefer unser Leben in Jesus Christus verankert ist. Und das hat mit allen Geboten zu tun, es hat mit unserem ganzen Leben zu tun. Nicht Gesetzlichkeit im Sinne von »Du sollst . . . und du sollst nicht . . .« soll unser Tun und Handeln bestimmen, sondern die Liebe Gottes. Dann sind die Werke gerecht.

Achtens:
Jesus hat in bezug auf die zehn Gebote in der Bergpredigt gezeigt, daß keines dieser Gebote im Geist erfüllbar ist, keines. Welche Beispiele hat er gegeben, um zu zeigen, daß diese Gebote nicht ganz erfüllbar sind? Er zeigte es an den Geboten: »Du sollst nicht töten« und »Du sollst nicht ehebrechen«. Töten bedeutet im Geist hassen, ehebrechen bedeutet: Begehren außerhalb der Ehe. Es gibt niemand, der niemals begehrt und niemals gehaßt hat. Es gab nur einen, der immer seinen Nächsten geliebt und nie begehrt hat, und das ist Jesus Christus.

Die Bergpredigt ist Jesu eigenes Programm. Wir wollen das ein für allemal lernen. Niemand kann diese Forderungen erfüllen. Es gibt Schwärmer, die glauben, die Bergpredigt sei erfüllbar. Die Bergpredigt verlangt, daß wir vollkommen werden. Wenn wir die Bergpredigt zu einem neuen Gesetz machen, haben wir eine Gesetzlichkeit, der das jüdische Gesetz wirklich als sehr klein gegenübersteht. Jesus hat die Bergpredigt erfüllt – »es ist vollbracht!« Er liebte seine Feinde, war gehorsam bis ans Ende. Welche Beziehung besteht hier zu »Ehre Vater und Mutter«? Jesus hat seinen Vater im Himmel immer geehrt wie ein Kleinkind seinen irdischen Vater, in totalem Gehorsam. Das kann keiner von uns, in totalem Gehorsam seinen Vater ehren.

Es gibt keine Stelle in der Bibel, die besagt, Jesus habe etwas gegen den Willen des Vaters getan. Er war immer bereit, nur den Willen seines Vaters zu tun. Das ist die geistliche, göttliche Erfüllung dieses Gebotes. Er hat seinen Vater geliebt und geehrt und war ihm gehorsam bis in den Tod, bis zu diesem schrecklichen Tod am Kreuz. Das kann keiner von uns tun. Er hat alles für uns erfüllt, auch in bezug auf dieses Gebot, und wir sollen uns dessen gewiß sein auch und gerade dann, wenn uns bewußt wird, daß wir unsere Eltern nicht genug geehrt und ihnen nicht den gebührenden Gehorsam geleistet haben, oder wenn es uns bedrückt, daß wir als Eltern nicht richtig mit unseren Kindern umgegangen sind, daß wir zu selbstgerecht und zu hart gegen sie waren. Er hat dieses Gebot für Sie und für mich, für uns alle erfüllt.

Gelobt sei der, der alle Gebote in der letzten Tiefe erfüllt hat, unser Herr, Jesus Christus! Und er hat auch dieses fünfte Gebot nach Mose (das vierte Gebot nach Luther) erfüllt: »Du sollst deinen Vater und deine Mutter ehren, auf daß du lange lebest in dem Lande, das dir der Herr, dein Gott, geben wird.«

Die zwei Tafeln des Gesetzes

Der Herr sprach zu meinem Herrn: »Setze dich zu meiner Rechten, bis ich deine Feinde zum Schemel deiner Füße mache.« Der Herr wird das Zepter deiner Macht ausstrecken aus Zion. Herrsche mitten unter deinen Feinden! Wenn du dein Heer aufbietest, wird dir dein Volk willig folgen in heiligem Schmuck. Deine Söhne werden dir geboren wie der Tau aus der Morgenröte.

Der Herr hat geschworen, und es wird ihn nicht gereuen: »Du bist ein Priester ewiglich nach der Weise Melchisedeks.« Der Herr zu deiner Rechten wird zerschmettern die Könige am Tage seines Zorns. Er wird richten unter den Heiden, wird viele erschlagen, wird Häupter zerschmettern auf weitem Gefilde. Er wird trinken vom Bach auf dem Wege, darum wird er das Haupt emporheben.

Psalm 110,1–7

Der zweite Adventssonntag ist dem Advent des wiederkommenden Herrn gewidmet. Deswegen könnten wir keinen treffenderen Text als obigen Psalm dazu finden. Hier wird Jesu Wiederkunft beschrieben. Er kommt als der Richtende, Vollmächtige, um Israels Feinde zu richten und seine Macht vom Himmel mitten auf dieser Erde aufzurichten.

Wer will in einer so friedensliebenden Zeit sich ein solches Bild vergegenwärtigen? Wir alle wollen Frieden in dieser Welt und in unseren Herzen. Und hat nicht Jesus uns befohlen, unsere Feinde zu lieben? Und dabei hat unser Gottesverständnis im Laufe der Zeit jede Spur von Gottes Heiligkeit, von seiner richtenden Macht verloren. Nein, wir wollen einen liebenden, vergebenden, barmherzigen Gott, nicht einen allmächtigen, kämpfenden, richtenden Gott. Und viele neigen dazu, zu denken, daß dieser richtende, eifernde, kämpfende Gott der Gott des Alten Testaments ist, daß aber Jesus nur der Gott der Liebe, der Barmherzigkeit, der Vergebung ist.

Erstens:

Gott Vater, Gott Sohn und Gott Heiliger Geist sind eins – eine Grundlehre unseres Glaubens. Der Gott des Alten Testaments ist auch ein Gott der Liebe, der Barmherzigkeit und des Vergebens. Steht es nicht deutlich geschrieben: »Also hat *Gott* die Welt geliebt, daß er seinen eingeborenen Sohn gab, damit alle, die an ihn glauben, nicht verloren werden, sondern das ewige Leben haben.« Jawohl, das ist Gott Vater, der Gott Israels, der Gott des Alten Testaments, unser Herr. Und umgekehrt dürfen wir dann Jesus so verharmlosen, verniedlichen zu einer kleinen Puppe in der Krippe? Nein, Jesus redete mit einer Härte, welche alle Propheten übertraf, denn in der Bergpredigt verlangte er Vollkommenheit – »Ihr müßt vollkommen sein wie Gott.«

Das Gesetz Mose gilt als die Wegweisung zum Leben und zum ewigen Leben, und Jesu Bergpredigt ist die endgültige geistliche Auslegung. Ein Prophet kann nur verlangen, was er selbst erfüllen kann. Kein Prophet hat je Vollkommenheit verlangt. Jesus verlangt dann von uns viel mehr als alle Propheten, und was er verlangt, ist die Wegweisung zum Leben und ewigen Leben, nämlich Vollkommenheit. Deswegen ist das Volk entsetzt nach Jesu Rede. Selbstverständlich ist die Bergpredigt aber vor allem Jesu Programm. Er hat das alles für uns vollbracht. Aber diese Bergpredigt, wie Luther mit vollem Recht betont, ist auch die härteste aller Bußpredigten, denn sie entblößt unsere totale Unvollkommenheit. Das ist Gericht und nichts anderes als Gericht – ein Gericht aber, welches uns abhängig machen soll von dem, der diese ganze Botschaft für uns erfüllt hat, niemand anderes als Christus selbst. Und Christus predigte zuallererst Buße.

Zweitens:

Es ist merkwürdig, daß Israel Christus ablehnte, gerade weil er sich weigerte, zu tun, was unser Psalm und viele andere prophetischen Texte verlangen (David ist ein vorderer, nicht ein sogenannter Schriftprophet), nämlich die Feinde (damals die Römer) zu zerschmettern, um sein Tausendjähriges Friedensreich hier auf Erden aufzurichten.

Sind diese so zentralen prophetischen Texte wie der obige unwichtig, falsch, werden nicht erfüllt? Nein, gerade mit seiner

Wiederkunft wird Jesus das tun, was Israel damals von ihm verlangt hat, nämlich mit Gewalt Israels endzeitliche Feinde zerstören (im Sinne Jesu Wiederkunft, Israel zu taufen, Sacharja 12,10) und sein Tausendjähriges Friedensreich – ein Bestandteil unserer ganzen Bibel – hier auf Erden aufzurichten.

Jawohl, Zielsetzung dieses Friedensreichs ist es, die Welt, wie wir sie kennen, wiederherzustellen, zu erretten. Das kann nur passieren durch den neuen Menschen, und dieser neue Mensch wird nicht durch unsere Wünsche und unsere Politik entwickelt, sondern er wird nochmals auf diese Erde kommen – Jesus Christus, der wahre Mensch im Sinne des Herrn. Und durch ihn werden auch wir neugemacht, in seinem Sinne, so daß wir mit den wilden und zahmen Tieren hier auf dieser Erde in Frieden leben werden. Dieses Thema, das Tausendjährige Friedensreich, läuft durch die ganze Bibel, Altes wie Neues Testament: zum Beispiel der paradiesische Zustand, dann Noahs Arche, dann der berühmte Text von Jesaja 11, wo dieser Friede zwischen Menschen und Tieren genau beschrieben wird. Und dann, um nur zentrale Beispiele zu nennen: Jesus ging nach seiner Taufe in die Wüste und war bei den wilden Tieren, und die Engel dienten ihm – eine klare Vordeutung auf dieses Reich. Jesus ging zu den wilden Tieren in die Wüste, sogar bevor er seine Botschaft zu den Menschen brachte, ein Hinweis auch darauf, daß dieser paradiesische Zustand vor dem Sündenfall war. Und dann lesen wir in Römer 8, wie die Tiere in Furcht leben, bis das Heil kommt.

Drittens:

Es ist auch merkwürdig, daß Israel Jesus ablehnte, weil es eine andere Auffassung von seinem Herrn gehabt hat, eine andere Auffassung gerade auch unseres und anderer Bibeltexte. Jesus weigerte sich, Israel zu befreien von den Römern, und er weigerte sich damals, sein Friedensreich hier auf Erden aufzurichten. Denn er hatte eine ganz andere Befreiung vor, die Befreiung von uns selbst, von der Herrschaft der Sünde, von Tod und Gericht in uns, über uns.

Aber haben nicht die meisten Christen heute auch eine ihrer Meinung nach biblische, aber für die Endzeit falsche Auffassung unseres Gottes? Ihr Gottesbild trägt die Vorstellung eines Gottes, der nur lieb, barmherzig, vergebend ist, aber nicht eines Gottes, der auch richten wird, wiederkommen wird. Ist nicht dann die Lage vieler Christen heute ähnlich wie damals bei Israel? Wir haben zwar ein richtiges Gottesverständnis, aber nicht das richtige, treffend für unsere Zeit. Hat nicht Jesus selbst ständig über das Gericht geredet, auch über seine Wiederkunft? Und ist nicht das Neue Testament voll solcher Aussagen? *Weil Gottes Werk nicht vollendet ist durch seine erste Ankunft.*

Die Welt lebt in Krieg und Haß. Und die Welt ist in ihren Bestandteilen sogar gefährdet, Tierarten sterben aus, auch Bäume. Unser Herr Jesus muß zweimal kommen, und zwar aus zwei Gründen. Mit seiner ersten Ankunft hat er die erste Tafel Mose endgültig und für uns erfüllt, nämlich die Beziehung zum Vater in Ordnung gebracht, die Versöhnung mit ihm hergestellt, nur durch Jesu Kreuzesblut. Aber seither herrschen immer noch Krieg, Haß, Weltverfall. Mit seiner Wiederkunft wird Jesus die zweite Tafel Mose erfüllen, nämlich im mitmenschlichen Bereich, daß Frieden herrschen wird, nicht nur unter den Völkern, sondern auch zwischen Menschen und Tieren.

Darüber hinaus war die erste Ankunft vor allem für die Heiden, denn wie Paulus uns deutlich bezeugt, hat der Herr eine Binde über Israels Augen gelegt, daß die Juden als Volk ihn nicht annehmen konnten, sondern nur einzelne Juden. Zwar waren seine Jünger alle Juden. Zwar war die erste Gemeinde eine jüdisch-christliche, aber mit der Zeit kamen immer weniger Juden zum Glauben an ihn, dafür immer mehr Heiden. Aber wie Jesus sagte, Lukas 21, wird die Heidenzeit zu Ende gehen. Jesu Wiederkunft ist für die Juden: »Denn sie werden ihn annehmen, den sie durchbohrt haben, und der Geist der Gnade und des Gebets wird ausgegossen über ganz Israel«. Wir Christen werden, wie Paulus uns lehrt, 1. Thessalonicher 4, vorher entrückt.

Jesu Wiederkunft wird dann durch Gewalt, durch Gericht kommen, wie obiger Text und so viele andere Textabschnitte bezeugen. Aber obiger Text gibt noch andere zentrale Hinweise auf diesen Erretter Israels:

1. Israel selbst wird ihm dann willig folgen: »Wenn du dein Heer aufbietest, wird dir dein Volk willig folgen in heiligem Schmuck.«

2. Sein Reich wird ewigen Bestand haben durch das Leben in seiner Nachfolge (hier werden beide, erste und zweite Ankunft,

vorgedeutet): »Deine Söhne werden dir geboren wie der Tau aus der Morgenröte.« Ist nicht dieses Bild eine Anspielung auf Jakobs Kampf mit Gottes Engel, Gott selbst? »Ich lasse dich nicht, du segnest mich denn«, verlangte Jakob. Und dieser Segen, unter Jesu ausgestreckten Händen am Kreuz, wird zuerst den Heiden und dann, mit seiner Wiederkunft, den Juden zugute kommen.

3. Dieser Messias wird verglichen mit dem Priesterkönig von Salem, dem gerechten Melchisedek (1. Mose 14): »Du bist ein Priester ewiglich, nach der Weise Melchisedeks.« Spricht nicht der Hebräerbrief in der Tiefe über diesen Jesus Christus als den endgültigen Priesterkönig, für Heiden wie für Juden? Melchisedek ist selbst Priester der Heiden, aber er reichte Abraham, dem Urvater Israels, Brot und Wein (Anspielung auf das heilige Abendmahl) und segnete ihn. Das bedeutet, daß auch Jesus Christus, der Heiden Heiland, unser Hoherpriester, auch Israel am Ende segnen wird. – Die Ersterwählten, gerade durch Abraham, werden die Letzten sein, welche ihn annehmen werden. Und dieses so harmlose Bild: »Er wird trinken vom Bach auf dem Wege, darum wird er das Haupt emporheben«, ist eine Anspielung auf das Zeichen der Reinheit im Alten und Neuen Testament, fließendes Wasser. Christus ist unsere Reinheit, unsere Vollkommenheit, und deswegen, als er durchbohrt wurde am Kreuz, kam fließendes Wasser aus seinem Leib. Er ist die Reinheit, unsere Reinheit durch sein Kreuzesblut, wird hier gesagt.

Wir alle haben eine große Sehnsucht nach einer besseren Welt, ohne Haß, Krieg, Aussterben von Tieren und Pflanzen, ohne verhungernde Menschen. Warum weigern wir uns dann, zu sehen, was die Bibel uns so deutlich bezeugt: Diese Welt wird kommen, aber nur durch das Gericht. Mit den Worten unserer Urgemeinde beten wir: *Maranatha* – unser Herr und Heiland Jesus Christus komme, komme bald!

In der Nachfolge Jesu

Wenn aber der Tröster kommen wird, den ich euch senden werde vom Vater, der Geist der Wahrheit, der vom Vater ausgeht, der wird Zeugnis geben von mir. Und auch ihr seid meine Zeugen, denn ihr seid von Anfang an bei mir gewesen.

Das habe ich zu euch geredet, damit ihr nicht abfallt. Sie werden euch aus der Synagoge ausstoßen. Es kommt aber die Zeit, daß, wer euch tötet, meinen wird, er tue Gott einen Dienst damit. Und das werden sie darum tun, weil sie weder meinen Vater noch mich erkennen. Aber dies habe ich zu euch geredet, damit, wenn ihre Stunde kommen wird, ihr daran denkt, daß ich's euch gesagt habe. Zu Anfang aber habe ich es euch nicht gesagt, denn ich war bei euch.

Johannes 15,26 – 16,4

Heute wird sehr viel geredet über das Thema »Der Heilige Geist«. Ich habe zum Beispiel gehört, daß der Heilige Geist der wichtigste Teil der Trinität sei, weil gerade dieser Heilige Geist unter uns ist, der Vater und Jesus aber nicht. In unserem Text wird jedoch im Blick auf den Heiligen Geist deutlich gesagt: »Wenn aber der Tröster kommen wird, den ich (Christus) euch senden werde vom Vater, der Geist der Wahrheit, der vom Vater ausgeht, der wird Zeugnis geben von mir (Christus).« Deswegen bekommt der Heilige Geist seine besondere Wichtigkeit. *Das bedeutet, daß der Heilige Geist vom Vater und vom Sohn ausgeht und von Jesus zeugt. Aber damit kann der Heilige Geist überhaupt nicht unabhängig die wichtigste Person der Trinität sein, denn sein Ausgang und sein Wirken sind vom Vater und vom Sohn geschaffen und bestimmt.*

Dazu hören wir heute, daß im Namen des Heiligen Geistes große Wunder geschehen, und zwar auf unser Geheiß. »Wenn du nur glaubst, dann wirst du von deiner Krankheit geheilt.« Damit wird vom Heiligen Geist Wunderheilung verlangt, und zwar von uns, in unserem Sinne. Und wenn sie nicht geschieht, dann ist der Kranke schuldig, weil sein Glaube nicht stark genug ist.

Liebe Leser, der Heilige Geist, unser Tröster, soll von Christus zeugen. Und Jesus hat uns an zwei zentralen Stellen gelehrt: »Aber Herr, dein Wille geschehe.« *Der Heilige Geist ist nicht da, unseren Willen dem Herrn aufzuzwingen, sondern genau umgekehrt, daß wir bereit werden, Gottes Willen anzunehmen, auch schwere Krankheit zu tragen im Sinne des Kreuzes. Denn Kreuzesnach-folge ist das Zentrum der Nachfolge Christi, nicht Nachfolge in unserem Sinne aufgrund eines erfahrenen Wunders.* Wir glauben, daß der Herr Wunder tun kann, und wir haben auch Wunder in der Gemeinde erlebt. Aber er tut Wunder wann und wie er will, nach seinem Willen, nicht auf unser Geheiß, denn er weiß, was wirklich gut für uns ist.

Leiden prägt einen Menschen in wahrer und tiefer Weise. Das bezeugt uns die Bibel an mehreren Stellen, denn Jesu Kreuzesweg, der Weg zu seiner Erhöhung, ist ein Leidensweg. Er weigerte sich, vom Kreuz herabzusteigen, und er weigerte sich auch immer wieder, Wunder zu tun, Zeichen zu geben, die seine Gegner von ihm verlangten – und seine Gegner sind hier die Schriftgelehrten und Pharisäer, aber auch Satan. Als Jesus genug erlebt hatte von *dieser Wundersucht der verfallenen und ichsüchtigen Menschen, sagte er, daß er nur ein Zeichen geben wird, das Zeichen des Propheten Jona: »Wie Jona drei Tage und drei Nächte im Bauch des Fisches war, so wird der Menschensohn drei Tage und drei Nächte im Schoß der Erde sein.«* Er sagte deutlich, daß dieses Zeichen sein Kreuz ist. Wunderglaube und Wundersucht sind sehr gefährlich.

Vor einigen Jahren rief mich ein Mann aus Norddeutschland an, verzweifelt über seinen Sohn. Bei dem Sohn war Schizophrenie diagnostiziert, er konnte aber immer noch fast normal leben. Er ging an einen nicht unbekannten Ort, wo Wunder anscheinend an der Tagesordnung sind. Er kam »geheilt« zurück, aber etwa sechs Wochen danach erlitt er die schwerstmögliche Art von schizophrenem Ausbruch. Die Auswirkung dieses Wunderglaubens und dieser Wundersucht war nicht nur der Ausbruch dieser so schrecklichen Krankheit, sondern zugleich die Möglichkeit, daß dieser kranke junge Mann seinen Glauben jetzt, wenn er ihn am meisten brauchte, überhaupt verlieren wird. Dazu, wenn sogenannte Wunderheilungen stattfinden, muß jeder, der nicht geheilt wird, sich selbst fragen: »Ist mein Glaube denn minderwertig?« *Christusnachfolge heißt nicht Wundernachfolge, sondern Kreuzesnachfolge; und Gott gibt uns die nötige Kraft dazu durch seinen Tröster.*

Und dann, liebe Leser, höre ich von solchen vom Heiligen Geist Inspirierten, daß sie »mindestens etwas vom Herrn erwarten«. Erwarten wir denn nichts vom Herrn? Jawohl, sehr, sehr viel. *Denn wir erwarten, daß er als mein Herr und Heiland mich führen will und soll auf seinen Wegen, daß er mir die nötige Kraft geben wird, das auferlegte Kreuz zu tragen, in wahrer Nachfolge zu bleiben, und daß er mich ans Ziel bringen wird, nämlich in sein Reich.*

Noch etwas: Es wird heute vor allem bei jungen Menschen eine Art von Happy-Sein im Glauben propagiert. Man singt bestimmte Arten von Liedern lang genug, bis man sich sozusagen in einem erhobenen Zustand befindet, aber ohne Buße und Kreuz in den Mittelpunkt zu stellen. Leider erinnert mich das aber sehr an manche östlichen Sekten: »Hare Krishna, Hare Krishna, Krishna Krishna, Hare Hare . . .« Hier sind gruppendynamische Kräfte, allzu menschlicher Geist, am Werke. Sie verlegen damit unseren Glauben vom Kreuz Christi auf uns, auf das, was wir selbst erleben.

Mittelpunkt unseres Glaubens ist der Heilige Geist, der Tröster, und er geht vom Vater aus und zeugt vom Sohn. Wie zeugt er denn? Unsere schwäbische, urreformatorische Schrift, verfaßt von Brenz, unserem Reformator, der ein naher Freund Luthers war, sagt sehr deutlich: *Nur durch das Wort der Schrift.* Warum nur durch das Wort? Denn das Wort ist Fleisch geworden in Christus. Er ist das lebendige Wort unter uns durch den Tröster. Und was bezeugt das Wort von Christus? Seine Erhöhung, nämlich sein Kreuz. Hier ist *das volle Evangelium, daß Jesus Christus als wahrer Gott und wahrer Mensch in diese Welt gekommen ist, um für uns zu sterben, unsere Schuld, unseren Tod und unser Gericht für uns, an unserer Stelle zu tragen, damit wir in ihm, und in ihm allein, frei sind, geführt werden, Zukunft haben. Dieses Evangelium ist genug für mich und ich hoffe, daß es auch genug für jeden von Ihnen ist.* Diese Erhöhung Jesu geschah, als seine

Jünger total versagt haben, ihn im Stich gelassen haben. Diese frohe Botschaft in Worten des Hebräerbriefes zeugt von dem Hohenpriester in alle Ewigkeit und dem geschlachteten Opfer- oder Passahlamm. Denn *er hat alles getan. Hier geht es nicht um meine Gefühlswelt, sondern um das, was er für mich erlebt hat. »Was habe ich davon?« ist eine Fragestellung des natürlichen und sündigen Menschen.* Ja, Herr Jesus, ich bin bereit, dir nach- zufolgen in Freude und Leiden. Du gingst voran auf meiner Lebensbahn durch dein richtendes, zur Buße führendes Wort und durch dein damit rettendes, heilendes Wort. Ja, Herr Jesus, ich suche Heil, nicht Heilung; ich suche dich, nicht meine besonderen Erlebnisse; ich suche Freude in allem Leiden, nicht ein oberfläch- liches Happy-Sein. Wer diesen Weg geht, der geht mit Jesus Christus, mit seinem Herrn und Heiland, und er hat wahre Gebor- genheit, wahre Führung, wahre Zukunft durch den Tröster, den Heiligen Geist.

»Und auch ihr seid meine Zeugen, denn ihr seid von Anfang an bei mir gewesen.«

Ja, liebe Leser, der Tröster zeugt von Jesu Erhöhung, von seinem Kreuzesheil, durch die ganze Schrift hindurch, Altes wie Neues Testament. Und aufgrund dieses Zeugnisses der Schrift, des Trösters, sollen auch wir Zeugen sein. Das bedeutet, wie Jakobus uns ständig ermahnt, daß wir nicht gläubig geworden sind allein um unserer selbst willen, sondern auch um anderer willen. Glaube ohne Werk ist tot, sagt uns Jakobus. Und was ist das zentrale Werk der Jünger Jesu? Wir sind da, die frohe Bot- schaft, das befreiende Evangelium so gut wir können zu leben und durch den Tröster, den Heiligen Geist in uns, unserem Nächsten zu bezeugen. Wir sind Zeugen seiner wahren Kraft des Heils, der Führung, des inneren Friedens mit dem Vater – das ist Christus in uns, sein Geist. Wir sind Zeugen, daß wir in Jesus Christus den wahren Grund des Lebens gefunden haben, den Schatz im Acker, die kostbare Perle. Wir sind Zeugen, daß Jesu Liebe so groß und so stark ist, daß wir aus dieser Liebe leben können, auch in Beziehung zu Menschen, die wir von Natur aus überhaupt nicht lieben. Wir zeugen von Jesu Liebe vor allem durch das Wort – Mission, aber zugleich auch durch die Tat der Liebe für die ganze Person – Diakonie.

Wer wirklich ergriffen ist von dieser frohen Botschaft, der muß sie einfach weitergeben so gut er kann, und er gibt sie auch weiter, indem sein Leben zeugt von der Liebe Christi, welche durch ihn wirkt. Diese Liebe kann wahre Wunder tun; sie kann Menschen aus dem lebendigen Tod zum wahren Leben in Christus rufen und auch ganz persönliches Engagement hervorbringen für die Not von Menschen, welche wir von Natur aus nicht lieben.

»Es kommt aber die Zeit, daß, wer euch tötet, meinen wird, er tue Gott einen Dienst damit.« Jesus sagt klipp und klar, daß seine Jünger für und mit ihm sterben werden. Liebe Leser, das muß nicht mit jedem von uns geschehen, daß wir, wie so viele Christen in unserer Zeit, wegen unseres Glaubens ermordet werden, aber es kann so sein. Die Bibel bezeugt, daß wir »mit Christus sterben müssen, um mit ihm zu leben«. So kann es möglicherweise bei vielen von uns zutreffen, daß wir einmal auch in diesem Sinne für und mit Christus sterben sollen. Gerade letzteren Prozeß nennen wir »neugeboren werden«. Das bedeutet, daß der alte Mensch, bei dem seine Gedanken und auch Gefühle im Mittelpunkt stehen, jetzt einem neuen Herrn und Herrscher weicht, nämlich Jesus Christus und seinem Leidens- und Kreuzesweg für und mit uns. Ist es nicht so: Abram bekam einen neuen Namen, Abraham, als Diener des Herrn. Denn der Name bedeutet in der Bibel das Wesen einer Person. Und Jakob, der Betrüger, bekommt den neuen Namen, das neue Wesen: Israel, der Gottesstreiter. Und so werden wir nach der Offenbarung des Johannes neue Namen, neue Wesen bekommen in Gottes Himmelreich. Das Neue setzt voraus, daß das Alte stirbt. Aber dieses Sterben des alten Ichs, der alten Person, geschieht endgültig erst in seinem Reich, wenn, wie das Neue Testament uns sagt, wir Christus gleich sein werden.

Jetzt aber ist die Zeit der Vorbereitung: neugeboren zu einem neuen Lebensinhalt in Christus, aber immer noch unvollendet, unvollkommen in unserer alten Person. Aber dieser Weg der Heilung, dieser Weg, wie der Herr an uns wirkt, uns neu gestaltet, wird gebahnt durch den Tröster, den Heiligen Geist, indem er zeugt von Christus, seinem heilbringenden Kreuz.

Bleibet in ihm, und er wird euch seinen Weg, seine Wahrheit, seine Zukunft zeigen. Denn »der Herr ist meine Macht und mein Psalm und ist mein Heil!«

»Ich glaube an die heilige christliche Kirche«

. . . für mich persönlich war nichts schwieriger auszusprechen, als: »Ich glaube an die heilige christliche Kirche.« Ich kann mich erinnern, anfangs, nachdem ich zum Glauben an Jesus Christus gekommen war, habe ich ihn als König der Juden, als Heidenmessias, als Schöpfer der Welt anerkannt. Das war kein Problem. Der gekreuzigte Jesus, der auferstandene Jesus – diese Tatsache bereitete mir kein Problem. Ein Problem war nur für mich als Jude die heilige christliche Kirche.« Ich habe immer gedacht: Was hat diese Kirche im Namen Jesu an meinem Volk getan? Ich konnte diesen Satz nicht aussprechen. Ich ging immer öfter zum Gottesdienst, zuerst einmal monatlich, dann jede zweite Woche einmal, dann jede Woche. Ich besuchte fleißig die Gottesdienste, aber nicht an Pfingsten. An Pfingsten habe ich Tennis gespielt. Jeder in der Gemeinde hat das gesehen. Das war natürlich vor der Zeit meiner Taufe.

Ich konnte diesen Satz nicht aussprechen: »Ich glaube an die heilige christliche Kirche«, weil ich ständig daran dachte, was diese Kirche an Bösem an meinem Volk getan hat. Ich bin überzeugt, daß dieser Satz vielleicht der allerschwierigste Satz ist für sehr viele Nichtchristen, für Leute, die noch nicht den Weg zu Jesus Christus gefunden haben. Ich beobachte, daß dieser Satz »Ich glaube an eine heilige christliche Kirche« vielleicht manchem den Weg versperrt zu einem wahren Glauben. Darum will ich versuchen, wie Jesus uns aufgefordert hat, so scharf und ehrlich, so kritisch, kritischer als unsere Kritiker, zu zeigen, was unsere Kirche alles falsch gemacht hat; ich will die zentralen Punkte nennen. Auch will ich zeigen, daß ich diesen Satz heute bejahe, denn ich habe jetzt keine Probleme mehr, zu bekennen: »Ich glaube an die heilige christliche Kirche.«

Zuerst wenden wir uns der Kritik gegenüber der Kirche zu, und wir müssen sie ernstnehmen. Wir können nicht einfach sagen: »Ja, das ist nicht ernstzunehmen, alles ist in Ordnung.« Die Kirche war von Anfang an nicht in Ordnung. Es gab von vornherein alle möglichen Probleme. Nehmen wir ein paar zentrale Probleme unserer evangelischen Kirche, die durch Jahrhunderte und Jahrtausende hindurch vorhanden waren. Eigentlich fängt unsere evangelische Kirche nicht mit Luther an. Nach evangelischer Auffassung hat unsere Kirche in der Urgemeinde ihren Ursprung.

Ein Beispiel: Wir haben als evangelische Kirche die Arbeiter vernachlässigt in der entscheidenden Zeit für diese Gruppe, in der Zeit der industriellen Revolution. Ich kann mich erinnern, als ich in Tübingen studiert habe, saß ein katholischer Geistlicher neben mir – er hat evangelische Theologie gehört – und er arbeitete in einem Arbeiterviertel. Er hat seine Arbeiter betreut, und diese gingen regelmäßig in die Kirche. So ist es in Italien und in Frankreich öfters, trotz Kommunismus. Wir haben sehr große Schuld auf uns geladen, daß wir, viele unserer Pfarrer, die Arbeiter vernachlässigt haben, als die industrielle Revolution kam.

In England war das Problem so kraß, daß seinetwegen die methodistische Kirche gegründet wurde. Ich weiß nicht, ob Sie wissen, daß die Methodisten, die keine wesentlich andere Auffassung vom Glauben haben als wir, bemerkt haben, daß die Arbeiter vernachlässigt waren von der Hochkirche. In der Hochkirche waren Pfarrer aus reichen Familien, die zu reichen, angesehenen Leuten predigten. Die Methodisten gingen dann unter die Arbeiter, und durch Wesley geschah der Durchbruch.

Jetzt ist es im Blick auf unser Land sehr spät. Die Arbeiterschicht ist mit allem möglichen sozialistischen, politischen Gedankengut durchdrungen, sie ist weltlich geworden. Wir haben den Fehler gesehen, aber wir haben ihn zu spät gesehen. Wie viele zurückzugewinnen sind, ist schwer zu sagen. Ich habe in einer Gemeinde eine Gruppe von Pfarrern erlebt, die versuchte, das Evangelium unter Arbeiter zu bringen. Ein Kreis wurde gegründet – er bestand aus mehr Pfarrern als Arbeitern.

Ich glaube, das zeigt etwas, wie groß dieses Problem bei uns ist. Das ist eine Kritik. Eine zweite Kritik ist die Gebundenheit unserer Kirche an den nationalen Staat. Das geht zurück zu der Reformation. Es war ein notwendiges Übel, daß Luther sich an seinen Herrscher, an die Mächte, die da waren, um Unterstützung gewandt hat – und er hat ganz und gar recht, mit dem, was er getan hat, aber es hat teilweise eine sehr stark negative Auswirkung für uns. Diese Betonung »der Nationalstaat ist die Grundlage, auf der wir arbeiten«, führte unter Kaiser Wilhelm zu ganz verhängnisvollen Aussagen. Es wurde hier in Deutschland gepredigt, und nicht nur in Deutschland, auch umgekehrt in England, in Rußland –: »Gott strafe England.« Das war eine Lieblingspredigt während des ersten Weltkrieges. Ob Gott dazu da ist, England oder Deutschland oder Rußland zu strafen? Ich denke, heute sehen wir das viel klarer. Aber dieses nationale Gedankengut hatte eine sehr negative Auswirkung durch Jahrhunderte und Jahrtausende hindurch. Heute ist es umgekehrt. Heute sind die große Kritik in der Kirche die sozialistischen Pfarrer, die linksgerichtetes, politisches Gedankengut hineinbringen in die Kirche, als ob Jesus ein Sozialist gewesen wäre. Das war er sicherlich nicht. Sie reden von einer Theologie der Befreiung, welche total unbiblisch ist. Jesus hat sein eigenes Volk, sein jüdisches Volk, nicht befreit, obwohl jeden Tag Juden gekreuzigt wurden. Sie reden von einer Theologie der Armen, während die Bibel sehr deutlich in bezug auf alttestamentliche Texte die Armen im Geist meint. So steht es im Matthäusevangelium. Es geht nicht darum, an Armut im physischen Sinn zu leiden; diese Menschen sind nicht von Gott bevorzugt, sondern die Armen im Geist. Die können sogar viel Geld haben, aber sie wissen im Geist, daß sie vor Gott nicht bestehen können. Das ist wahre Armut.

Auf jeden Fall, heute geht es so weit, daß es Theologen gibt, die sagen: »Jede Predigt ist eine politische Predigt, und wenn man nicht politisch predigt, ist das auch politisch, denn damit unterstützt man die Mächte, die da sind.« Ich habe eine solche Aussage gehört. Meine Antwort ist sehr einfach: Es gab Zeiten, Zeiten des Glaubens, da gesagt wurde, die Politik sei ein religiöser Prozeß (das ist sie, soll sie sein); alle Vorstellungen von Politik waren vom Glauben gestaltet, indem alles im religiösen, theologischen Sinn gesehen wurde. Theologen, die sagen, alles sei politisch, zeigen die Armut ihres eigenen Glaubens. Denn in Wirklichkeit ist alles theologisch, alles gehört Gott. Ich könnte als Dichter sagen, alles ist poetisch; ich kann das Zimmer anschauen und sagen, das ist schön und das ist poetisch. Wir können alles zu allem machen. Aber zu behaupten, daß alles politisch ist, bedeutet, daß wir politisch und nicht theologisch denken. Theos bedeutet: Gott in den Mittelpunkt stellen. Wir gingen hier von einem Extrem zum andern – es ist das gleiche Problem. Der Thron- und Altarpfarrer, der eine konservative Nationalpolitik predigt, und der sozialistische, linksgerichtete Pfarrer leiden beide unter dem gleichen Problem: Sie sehen nicht, was die Priorität ist. Die Priorität ist Jesus Christus, und das ist nicht eine politische Priorität, sondern eine religiöse und persönliche Feststellung. Es ist ein altes Problem in neuer Form. Sehr viele Christen sind in alter Zeit mit Recht aus der Kirche ausgetreten, weil die Pfarrer zu konservativ und zu politisch waren, nationalkonservativ. Heute geht es umgekehrt. Sehr viele Leute sind entsetzt, daß die Pfarrer politisch predigen aus der anderen Richtung. Das Problem ist das gleiche, es ist kein Unterschied. Wir sind da, Jesus Christus zu bezeugen und nicht politische Weltanschauungen.

Ein sehr zentrales Problem unserer Kirche – wie ich anfangs schon gesagt habe – ist das Problem der Juden, der zweitausend Jahre währende Judenhaß. Die Sache hat eine neue Form angenommen: Israelhaß. Jetzt, heute, haben wir wunderbare Veranstaltungen in Deutschland, etwas wiedergutzumachen an den Juden – weil wir kaum noch Juden hier haben. Aber Anti-Israel, Antizionismus, kein Verständnis für Israels jetzige Lage, Unterstützung von Terroristen, die Israel zerstören wollen, ohne das zu sehen: 800 Millionen Moslems gegen 15 Millionen Juden oder vier Millionen Israelis. Das ist die neue Form von Judenhaß, und . . .

Heute wird wiedergutgemacht in bezug auf das, was wir den Juden im Dritten Reich angetan haben – es gibt aber kaum Juden unter uns. Wohin muß man gehen, bis man einen Juden findet?! Als ich einmal Besuche im Krankenhaus gemacht habe, kam eine mir bekannte Person auf mich zu und sagte: »Da liegt ein Jude im Krankenhaus, besuchen Sie ihn!« Das war eine ganz neue Sache, daß da ein Jude im Krankenhaus war. Er war Leiter einer jüdischen Gemeinde, sehr krank. Es gibt kaum einen Juden unter uns. Aber das Problem läuft weiter, wie in der Vergangenheit der Sündenbock immer die Juden waren, so ist jetzt der Sündenbock Israel. Wenn wir nur Israel loswerden könnten, dann könnten wir unser Öl absichern, eine Nahostpolitik machen, die in unserem Sinne vernünftig sein würde. Jetzt ist da eine Schuld gegenüber

Israel, nicht mehr gegen Juden und Judentum, sondern gegen Israel. Antizionismus ist die neue Art, die Juden als Sündenbock zu sehen. Und jeder Jude sieht das so, ob er links oder rechts steht, das hat nichts mit Politik zu tun.

Eine weitere Kritik: Meine Konfirmanden erarbeiten ihre eigene Predigt zur Konfirmation. Da war ein Christ, dessen Vater katholisch war und die Mutter evangelisch. Der hat gesagt: »Ja, das wirkliche Problem unserer Kirche ist, daß wir keine Kirche sind, wir sind nur Kirchen.« Und ich habe ihm gesagt: »Kirchen – katholische, evangelische, das sind nur ein paar *Kirchen*. Um zu sehen, wie vielerlei *Kirchen* es gibt, brauchen Sie nur nach Jerusalem zu gehen.« Es gibt hunderte, aberhunderte von Kirchen. Und jede hat ihr besonderes Anliegen, und jede behauptet: Wir haben die Wahrheit Jesu Christi. Die Zersplitterung der Kirche in sich erregt starken Anstoß bei Nichtchristen. Bedenken wir die Situation in der Missionsarbeit, wenn wir Missionare etwa nach Afrika schicken. Zuerst kommt ein katholischer Missionar in ein bestimmtes Gebiet, dann kommt ein evangelischer Missionar in dasselbe Gebiet, dann kommen welche von allen möglichen Gruppen auch dorthin und alle sagen: »Wir sind die Christen, wir sind die Christen . . .« Und wie groß ist doch die Unkenntnis, die Nichtchristen haben; ich denke da an meine Eltern. Als mein Vater hörte, daß ich evangelischer Pfarrer werde, war seine erste Frage: »Mußt du immer in Schwarz herumlaufen?« Er ist ein gebildeter Jude, und trotzdem stellte er diese naive Frage. Als er hörte, daß ich das nicht müßte, war er sehr beruhigt und sehr glücklich. Diese Zersplitterung ist sicher eine sehr große Herausforderung. Wer hat recht? Wenn wir zu Nichtchristen gehen und anfangen, über unseren Glauben zu erzählen – und dann hören diese Leute Gottes Wort auch von jemand, der einer anderen Konfession angehört, oder von eifrigen Sektenanhängern, die von Haus zu Haus gehen, sprechen auch mit ihnen über den Glauben an Gott –, dann, kommt die Frage: Ja, wer hat eigentlich recht? Und das ist eine sehr starke Herausforderung an Nichtchristen, nicht nur in der Missionsarbeit auf den Missionsfeldern, sondern hier in Deutschland selbst. Das hat mein Sohn erlebt, als er an einem missionarischen Einsatz von OM in Mannheim teilnahm. Er ging von Tür zu Tür unter Türken, aber auch unter Deutschen. Und die Unkenntnis der Deutschen von Christentum und Christus war genauso schlimm wie bei den Türken. Einer sagte zu ihm: »Was, ich bin auch ein Christ. Ich bin getauft, und ich versuche, ein gutes Leben zu führen und gute Werke zu tun, ich bin ein Christ.« Als ob das ein evangelischer Christ sein könnte, der von seinen guten Werken redet! Mein Sohn fing an, ihm zu erklären, daß Jesus für seine Schuld gestorben ist und versuchte ihm zu zeigen, daß er ein Verlorener ist ohne Christus. Und die Tür war schnell vor ihm zugeworfen.

Wenn wir auch wirklich im tiefsten Grunde die Frage sehen: »Kritik an unserer Kirche« – eine Kritik ist viel wichtiger als alle diese politischen Probleme, als die Zersplitterung der Kirche, als die Nationalkirche oder die sozialistische Kirche, als alle diese Sachen. Es gibt ein Problem, das viel tiefer geht. Und dieses Problem ist folgendes: »Herr Pfarrer«, so sagten mir viele in meiner Gemeinde, »ich habe, als ich konfirmiert wurde, meinen Pfarrer Dinge tun sehen, die ich nicht für richtig halte. Und ich habe meinen Glauben an Christus verloren.« Oder: »Schaut mal, in unserer Gemeinde gibt es Leute, die behaupten, Christen zu sein, aber ich weiß, daß sie auch Sünder sind und große Fehler machen.« Diese Nichtübereinstimmung dessen, was wir sagen, mit dem, was wir tun, ist letzten Endes, davon bin ich völlig überzeugt, der Hauptanstoß an unserer Kirche, nicht vor allem diese anderen Probleme. Es geht um die einzelnen Christen, die Christen am Ort. Man sagt: »Wenn das die Wahrheit ist, dann muß ein Christ anders sein. Die Christen sind aber nicht anders. Die sind genauso wie wir. Was habe ich dann davon?« Besonders werden die Pfarrer unter die Lupe genommen. Ich meine, in alter Zeit hat man mit dem Fernglas auf alles, was die Pfarrer taten, geguckt. Heutzutage ist das auch so; ein Pfarrer wird überall besonders beobachtet. Wir sehen Christus und Christentum durch die Pfarrer und durch die Christen selbst. Und ich bin letzten Endes überzeugt, daß diese Kritik die entscheidende Kritik ist. Es geht letzten Endes nicht um Politik oder was mit den Juden passiert oder um Konfessionalismus – das sind alles wichtige und wahre Kritiken. Es geht aber um das Leben der einzelnen Christen. Da sehe ich, was Christentum ist. Und wenn die Christen nicht besser sind, warum soll ich dann ein Christ sein?

Ich habe angefangen mit der Aussage, daß dieser Satz »Ich glaube an die heilige christliche Kirche« für mich ein Anstoß war.

Ich konnte diesen Satz jahrelang nicht aussprechen, fast ein Jahrzehnt lang. Jetzt kann ich diesen Satz mit Freude aussprechen: »Ich glaube an die heilige christliche Kirche.« Warum das? Wenn alle diese Kritik stimmt (und ich habe diese Probleme nur angerissen, es gibt noch viele andere Probleme), und sicherlich stimmt sie, ist Wahrheit –, wie kann dann unsere Kirche heilig sein? Ich glaube, wir müssen mit dem ersten Teil des dritten Glaubensartikels beginnen:

»Ich glaube an den Heiligen Geist« – dann an die heilige christliche Kirche. Das bedeutet, daß Kirche nicht wir sind, sondern Kirche kommt zu uns. Die Kirche wurde eigentlich, im tiefsten Sinne, gegründet an Gründonnerstag, nicht an Pfingsten. In Jesu Blut ist ein neuer Bund gegründet worden, in seinem Kreuz und dann durch seine Auferstehung bis zur Ausgießung des Heiligen Geistes an Pfingsten. Das bedeutet, was heilig ist (heilig ist, was Gott gehört), ist Christus selbst. Das Besondere in unserer Kirche sind nicht wir, sind nicht unsere Werke, ist nicht eine große Verwandlung in uns, als ob wir plötzlich Engel wären – das Besondere in unserer Kirche ist der, der Kirche zur Kirche macht. Es ist der gekreuzigte Leib Jesu Christi. Und das ist der einzige Weg, auf dieses Problem zu antworten. Wir sind nicht besser, wir sind nichts Besonderes, wir haben Fehler, und gerade *darum* sind wir Christen, weil uns das bewußt ist. Wir wissen, daß wir Sünder sind, wir wissen aber auch, daß Jesus uns als Sünder annimmt. Sein Heiliger Geist bestimmt unsere Kirche. Wir können den Heiligen Geist nicht manipulieren. In Johannes 3 (das ist mein Tauftext) wird der Heilige Geist mit dem Wind verglichen. Wir kontrollieren nicht, woher der Wind kommt. Ich kann nicht sagen: Komm hierher – oder: komm dorthin! Der Wind weht wann und wo er will. Er ist unsichtbar, er entscheidet für sich. So ist Gottes Heiliger Geist. Jetzt findet in Indonesien eine große Geistausgießung, eine große Erweckung statt. Erlebnisse, die sehr ähnlich sind denen an Pfingsten – bestätigt von allen möglichen evangelikalen Missionaren. Luther hat im Blick auf den Heiligen Geist gesagt: »In Deutschland weht er jetzt, wer weiß wie lange?« Wir stehen nicht über dieser Sache und haben sie nicht in der Hand. Der Wind weht wann und wo er will. Das ist Gottes Heiliger Geist, aus dem gekreuzigten und auferstandenen Jesus.

Ein zweiter, sehr wichtiger Punkt:
Nennen wir Petrus. Für mich war das ein sehr zentrales Problem, dieses Versagen des Petrus. Und meine allererste Predigt handelte über Petrus und sein Versagen. Und gerade da fing ich an, unsere Kirche zu verstehen. Ich meine hier nicht den zum katholischen Papst erhobenen Petrus, sondern unsern evangelischen, sinkenden Petrus, den verleugnenden Petrus, den Petrus, der nicht bei dem Kreuz steht.

Je mehr ich in der Passionsgeschichte las, desto mehr wurde mir klar, daß die ganze Passionszeit zwei Leitmotive, zwei Grundsätze ausdrückt: Totales menschliches Versagen und eine gerade und übermenschliche Führung Jesu Christi, trotz uns! Denken Sie an Petrus. Er nimmt gerade dann das Schwert in die Hand, wenn er es nicht in die Hand nehmen soll, wenn Jesus seine Engel rufen könnte, es aber nicht tut.

Er schläft ein, dreimal – das ist kein Schlaf der Unschuld. Er versteht Jesu Leiden nicht. Er verleugnet ihn dreimal, und am allerschlimmsten ist sein Versäumnis, beim Kreuz nicht dabei zu sein. Er gibt Jesus auf in dem entscheidenden Moment, in dem Moment der Erhöhung Jesu. An diesem Petrus sind aber zwei besondere Dinge festzustellen: Er weinte bitterlich, nachdem er Jesus dreimal verleugnet hatte, als der Hahn krähte (deshalb haben wir einen Hahn auf unseren Kirchen, nicht als sogenannten »Wetterhahn«, sondern als Bußruf). Als dieser Hahn krähte, weinte Petrus bitterlich. Das war für mich ein Schlüsselsatz.

Petrus merkte, ich habe meinen Herrn verraten, gegen meinen eigenen Willen, und er hatte mir das sogar gesagt. Er weinte, das bedeutet Buße: Ich habe ihn verleugnet, ich bin ein Verlorener, ein Sünder. Gegen meinen eigenen Willen, mit meiner Kenntnis habe ich das getan und sehr überzeugt getan. Ich habe keinen Zweifel daran, daß Petrus, als er gefragt wurde: »Bist du nicht da mit diesem Jesus gewesen?«, ganz überzeugt verneint hat, ganz und gar bemüht, sich zu schützen, Jesus zu verleugnen. Totale Verleugnung, fast Verrat, fast Verrat – nicht ganz wie bei Judas, aber fast.

Petrus befindet sich in jener Lage, wie Jesus sie vorausgesagt hat. Aber er erkennt sein Versagen und weint bitterlich. Ist es nicht so, daß auch wir diese Gabe, unsere falschen Wege einzusehen, vom Heiligen Geist geschenkt bekommen? Denken Sie an die

Probleme, die ich besprochen habe. Das Problem der nationalen Kirche. Heutzutage ist das kein Problem mehr. Wir neigen eher zu dem anderen Extrem, und wir müssen dann lernen, daß das sozialistische Christentum auch keine Zukunft haben wird. Das braucht Zeit. Es hat lange gedauert, bis wir aus den Fehlern, die durch das nationale Christentum verursacht wurden, gelernt haben. Antisemitismus, Judenhaß unter uns! Die Juden, mit denen ich am See Genezareth, bei Tiberias, gesprochen habe – Jugendliche, die in Deutschland erzogen worden waren – haben mir gesagt, daß sie im allgemeinen sehr wenig Antisemitismus hier erlebt hätten, nur bei einzelnen Lehrern, bei einzelnen Eltern. Man hat gelernt. In bezug auf Israel hat man nicht gelernt, aber bezüglich der Juden hat man endlich gelernt. Und im Blick auf die Arbeiter? – wir merken, was wir versäumt haben, wir erkennen auch hier unsere falschen Wege.

Es hat lange gedauert, länger als genug, bis wir zur Erkenntnis kamen, und es ist zu spät, menschlich gesehen zu spät. Die Juden – sie sind vergast, die Arbeiter sind zum größten Teil verloren für uns, für die Kirche. Menschlich gesehen zu spät, aber für Gott gibt es kein Zuspät. Buße wird getan. Und das ist das Wunderbare an unserer Kirche – wenn ich die Kirche loben kann, was für mich nicht einfach ist –: Sie besitzt die Fähigkeit, Buße zu tun.

Im Blick auf die Juden kam die Einsicht, menschlich gesehen, wirklich zu spät – es nützt nichts, daß man nach Auschwitz merkte, was mit den Juden geschehen ist; es nützt uns wirklich nichts, wir können diese 6 Millionen Menschen nicht mehr lebendig machen. Es nützt uns nichts oder sehr wenig im Blick auf die Arbeiter zu merken, daß wir sie verloren haben. Es ist sehr schwierig, überhaupt einen zu gewinnen. Aber jetzt haben wir hier unsere Sünden erkannt. Und wir gehen natürlich andere Wege der Sünde, das sozialistische Christentum usw. Das geht allerwege, und wir werden das eines Tages auch bereuen und merken, daß das alles Weltgeist war und nicht Christi Geist. Das wird kommen, da habe ich keine Zweifel. Und es wird zu spät kommen. Wir werden wahnsinnige Verluste haben, Kerngemeinden werden wir verlieren. Die Kirchen werden leergepredigt, die sind schon vielerorts leergepredigt aufgrund dieser Irrwege. Aber bei Christus gibt es kein Zuspät.

Er weinte bitterlich – und Jesus nahm ihn an. Wie wissen wir, daß Jesus ihn angenommen hat? Petrus tat nachher noch etwas Schlimmeres, er hielt sich fern vom Kreuz – und doch ist Jesus als Auferstandener zu allererst dem Jünger Petrus erschienen. Das war für mich eine verblüffende Aussage, als ich sie entdeckte, eine Aussage, die ich wirklich geistig nicht verstehen konnte. Würden wir so etwas tun? Würden wir mit jemand, der uns dreimal verleugnet, nachdem wir es vorausgesagt haben, mit jemand, der unser Leiden nicht versteht, so nachsichtig und liebevoll umgehen?

Denken Sie an diesen wunderbaren Satz, wo Jesus seine Jünger – und zu ihnen zählte auch Petrus – fragte: »Wer sagen die Leute, daß ich sei?« Sie antworteten ihm: »Einige sagen, du seist Johannes der Täufer; einige sagen, du seist Elia; andre, du seist einer der Propheten.« Und dann schaute Jesus sie an und fragte: »Ihr aber, wer sagt ihr, daß ich sei?« Diese Frage geht durch Mark und Bein: »Was sagt ihr?« »Was sagst du?« Petrus antwortete: »Du bist der Christus!« Er erkennt ihn als Gott an, und diese Erkenntnis ist eine göttliche Offenbarung.

Und dann sagt Jesus zu diesem, der geistlich versteht: »Ich werde nach Jerusalem gehen, ich werde angespuckt und geschlagen werden, und sie werden mich umbringen.« Und Petrus sagt: »Nein, das darf dir nicht passieren.« Doch Jesus nimmt ihn beiseite und antwortet ihm: »Du Satan!« Du Satan – er benutzt dieses Wort.

Im Neuen Testament, im Johannesevangelium, steht ein ähnlicher Satz in bezug auf die Juden: »Ihr seid Teufelskinder«. Das bedeutet, der Teufel hat seinen Anspruch in ihnen geltend gemacht, wie Satan dort in Petrus. »Du Satan, du verstehst nicht den Unterschied zwischen menschlichem und göttlichem Leiden.« Ein sehr guter Satz für viele moderne Theologen. Es geht um Jesu Leiden, es geht nicht um Mitmenschlichkeit oder menschliche Gefühle, es geht um Gott.

Hier sagt Jesus »Du Satan« zu Petrus. Kann man zu einem Menschen etwas Schlimmeres sagen? Gott selbst sagt: Du Satan. Das bedeutet, der Satan ist in dir aufgegangen. Und dieser Petrus – schrittweise verläßt er Jesus. Im Geist, indem er versucht, mit dem Schwert ihn zu verteidigen. Im Geist, indem er einschläft im Garten Gethsemane. Im Geist, vor allem und am schlimmsten am Kreuz. Kein Wort wird gesagt, daß Petrus nicht da ist. Aber er ist nicht da. An keiner Stelle wird gesagt, daß er da ist. Es heißt nicht: Petrus ist nicht da; aber es fällt sofort ins Auge: Er ist gegangen. Jesus ist allein in dem Moment seiner Erhöhung, sterbend für uns in schlimmstem Leiden und qualvollster Not. Und Petrus, der mit ihm in den Tod gehen wollte, verläßt ihn. Würden wir so einen annehmen? Und nicht nur annehmen, sondern ihm als erstem der Jünger offenbare, ihn sogar zum Mitgründer unserer Gemeinde ernennen? Das würden wir niemals tun. Jesu Handlungsweise an Petrus hat mit Menschentum und Menschlichkeit oder menschlicher Logik nicht im geringsten etwas zu tun. Sie hat mit Göttlichkeit zu tun, mit Kirche, mit heiligem Geist, mit Jesus Christus.

Er nimmt diesen Petrus auf, der seinen Herrn verleugnet in dem Moment seiner Erhöhung. Sein Versagen hier erscheint noch schlimmer als dort bei der Verleugnung vor der Kreuzigung Jesu. Denn dort tat er Buße; er weinte bitterlich. Der Herr erscheint ihm, und er gründet seine Kirche durch ihn und durch Johannes und Jakobus und die anderen Jünger. So ist es. Jesus steht zu uns, auch wenn wir ihn total verlassen. Petrus ist sinnbildlich für mich. Nicht der erhöhte Petrus, der machtvolle im Sinne der katholischen Kirche, sondern der sinkende Petrus, der versagende Petrus ist der wahre Petrus unserer Kirche.

Als ich diesen Petrus kennengelernt habe, habe ich gesagt: »Aha, jetzt verstehe ich die Aussage ›ich glaube an eine heilige christliche Kirche‹, denn die jüdische Synagoge ist auch heilig, der Alte Bund ist auch heilig. Und was haben die Juden getan? Die Propheten abgelehnt und Gott selbst nicht angenommen, ihren eigenen Messias. Und Jesus hat die Juden nie aufgegeben. Er kann seine Erwählung nicht bereuen.« Und ich lernte aufgrund der Aussagen des Petrus, natürlich auch aufgrund derer des Johannes, des Jakobus usw., daß genau das gleiche im Neuen Bund geschieht.

Wir sind nicht besser, wir sind gar nicht besser als die Juden. Ich habe in einer Karfreitagspredigt gezeigt, daß gerade in den Punkten, in denen die Juden an Jesus versagt haben, wir noch schlimmer versagt haben. Und zwar in Beziehung zur Gesetzlichkeit, denn wir haben unsere eigene Art von Gesetzlichkeit, unsere eigene Art von Reinheit, unsere eigene Art, uns von Schuld freizusprechen usw. Und wir versagen noch viel schlimmer als die Juden an dieser Stelle. Jesus hat die Juden nicht aufgegeben, er gibt uns nicht auf. Das ist Kirche! Jesus Christus, sein Kreuz, seine Auferstehung, sein heiliger Geist – das sind Hauptstücke meines Glaubens. Er gibt uns nicht auf.

Als ich in meine erste Gemeinde kam, war es bei Kirchenaustritten so: Wenn jemand aus der Kirche austreten wollte, dauerte das einen Monat. Während dieser Zeit war die Möglichkeit gegeben, diese Leute zu besuchen. Jetzt besteht diese Möglichkeit nicht mehr. Ich habe jeden besucht. Obwohl ich kaum einen freien Abend zur Verfügung hatte, besuchte ich doch jeden, der aus der Kirche austreten wollte. Jedem von ihnen habe ich gesagt: »Jesus ist nie aus dieser Kirche ausgetreten. Ich, als gebürtiger Jude, kann diese Kirche viel stärker kritisieren als Sie. Alles, was Sie sagen, ist richtig, aber Jesus hat diese Kirche nie aufgegeben. Trotz Verleugnung, ja fast Verrat des Petrus, steht Jesus zu uns. Und wenn Sie aus der Kirche austreten, stellen Sie sich über Jesus Christus. Und das ist verhängnisvoll.« Interessant, zwei Jahre später kam eine Frau zu mir, mit der ich damals zwei Stunden lang gesprochen hatte. Sie hatte fast Tränen in den Augen, als sie sagte: »Jetzt habe ich den Weg zu Christus gefunden. Durch dieses Gespräch habe ich gemerkt, mit was für einem Gott wir es zu tun haben.« Das ist Kirche.

»Ich werde den Tempel in drei Tagen wieder aufbauen.« Den endgültigen Tempel, welcher ist der gekreuzigte und auferstandene Leib Jesu Christi. Das ist das Fundament, der Eckstein unserer Kirche. Daran glaube ich. Und ich glaube, daß dieser Jesus Christus uns nie im Stich läßt. Wir können ihn ständig verleugnen, und er ruft uns immer wieder zurück zu sich. Das ist sein Weg, und das ist seine Kirche. So tut er mit den Juden. Das Leiden der Juden durch Jahrhunderte und Jahrtausende hindurch, das ist Kreuzesleiden. Die Juden haben ihn längst aufgegeben. Jesus hat dieses Volk aber nie aufgegeben, und seine Verheißung erfüllt er jetzt an diesem Volk.

Und genauso tut er mit uns, denn wir haben ihn genauso verleugnet wie die Juden. Wir sitzen genau im selben Boot. Aber er hält zu uns. Das sehen wir an der Fähigkeit, Buße zu tun, auch wenn es menschlich gesehen zu spät ist, und daran, daß Jesus zuerst gerade dem am schlimmsten Versagenden, dem Petrus, erschienen ist.

Augustin, der für Luther sehr zentral war – das versteht sich, denn Luther war Augustiner –, hat eine sehr tiefe Aussage über die Kirche gemacht. Er sagte: »Es gibt eine Amtskirche, und es gibt eine Kirche im Geist.« Das bedeutet, es gibt eine offizielle Kirche, in der alles mögliche passieren kann, in der alles Mögliche verkündigt werden kann, in der es alle möglichen Irrlehren und Irrwege geben kann, ob das nun in der katholischen oder aber in unserer evangelischen Kirche ist. Aber es gibt auch eine Kirche im Geist. Und damit meint er: Zu jeder Zeit, auch wenn es in der Kirche Verleugnung gab, zu jeder Zeit, wenn die Amtskirche versagt hat – jede Amtskirche, auch die Freikirchen, alle Kirchen –, waren immer innerhalb der Kirche Menschen, die nicht versagt haben.

Das bedeutet nicht, daß diese Menschen um ihrer guten Werke willen nicht versagt haben oder daß sie unbedingt besonders gut waren, sondern daß sie an dem Wort Jesu Christi und seiner Wahrheit festgehalten haben. Merkwürdig, daß Bonhoeffer, dessen Theologie für manchen von uns zum Teil nicht annehmbar ist, ein Märtyrer war. Sein Buch »Widerstand und Ergebung« zeigt die allertiefste Verbindung im Leiden zu Christus in einer Zeit der schwersten Not. In Bonhoeffer sehen wir ein Beispiel, aber es gibt hunderte kleine Bonhoeffers, tausende – Menschen, die im wahrsten Sinn in jener Zeit des Dritten Reichs im Geist zu Jesus Christus gehalten haben, die während der Zeit des Nationalsozialismus ohne »Heil Hitler« durchs Leben gegangen sind.

Der Pfarrer, der uns getraut hat, hat »Heil Jesus« gesagt; er war in Dachau eingesperrt. Ich bin sehr froh, daß er uns getraut hat. Er konnte nie »Heil Hitler« sagen. Er hat gewußt, daß dies Kaiseranbetung ist und daß ein Christ solches nie tun darf. Solche Christen gab es immer, nicht nur im Nationalsozialismus, sondern auch in Rußland unter dem Kommunismus. In der Untergrundkirche gab es Leute, die ihr ganzes Leben aufs Spiel setzten, um Jesus zu verkündigen. Und wenn sie in sibirische Straflager verschleppt wurden, verkündigten sie auch dort das Wort Gottes. In der Amtskirche, sozusagen in der offiziellen Kirche des Dritten Reichs z. B. gab es alle möglichen Spitzel usw. Trotzdem gab es aber auch sehr viele gläubige Christen, Christen im Geist, auch trotz der Verfehlung der Amtskirche, ob im Hitlerdeutschland oder im kommunistischen Rußland oder wo auch immer. Augustin sagt, der Unterschied zwischen einer Amtskirche und einer

Kirche im Geist zu unterscheiden, ist sehr wichtig. Überall wird man gläubige Christen, gläubige Pfarrer, gläubige Gemeinderäte finden, überall; wer sucht, der wird finden. Amtskirche und Kirche im Geist. Die Kirche im Geist ist die Kirche, in der Gottes Heiliger Geist weht und in der man sich an Jesus hält, auch wenn das Tod bedeutet.

Ein anderer Punkt, der sehr wesentlich ist: In dem Moment, in dem in der Kirche kein wahres Leben mehr vorhanden ist, breitet sich Heidentum aus. Es ist beschämend, wenn wir an alle die Fehler denken, die die Kirche gemacht hat, die Kreuzzüge usw. In dem Moment aber, wenn wir diese schrecklichen Verfehlungen vergleichen mit dem neuen Heidentum Hitlers oder Stalins, ob Faschismus oder Kommunismus – letzten Endes ist es das gleiche, politisch gibt es nicht links und rechts, wir haben längst gesehen, daß das ein Kreis ist und daß totalitäre Systeme sehr eng zueinander stehen, die extreme Linke und die extreme Rechte – erscheinen die damals verübten Grausamkeiten vielleicht dadurch in einem etwas besseren Licht, daß sie von denen des Hitler- und Stalinregimes noch überboten wurden.

In dem Moment, wenn Kirche nicht mehr eine Rolle in der Art spielt, daß Gottes Geist in ihr wohnt und wirkt, kommt das neue Heidentum. Und das neue Heidentum ist viel schlimmer als das alte. Was sich die Römer und die Babylonier geleistet haben, war schlimm genug, aber was Hitler, Stalin usw. verübt haben, und was jetzt in China unter Mao Tse-Tung los war, war noch viel schlimmer. Wir sehen, wenn Kirche lebendig war, war die Möglichkeit wahrer Barmherzigkeit und wahrer Liebe – denn Christus ist Liebe – durch ihn vorhanden, trotz aller Schwächen der Kirche. Das ist ein Gesichtspunkt, den wir ständig betonen müssen. Humanismus bringt das nicht. In dem Moment, wenn wir von humaner Menschlichkeit ohne Gott reden, ist letzten Endes alles erlaubt. Dann kann das Böse regieren, weil ich der Weg bin, der zählt, und es geht, wie ich das sehen und haben will. Dann gibt es keine Grenze. Bei allem Bösen, das während der Kreuzzüge usw. verübt wurde, haben die christlichen Herrscher immer gewußt, daß sie vor einem letzten Gericht stehen werden. Die menschlichen Herrscher, die nicht an Gott glauben, wissen das nicht. Und darum ist keine Grenze mehr da.

Aber es gibt noch einen viel, viel wichtigeren Gesichtspunkt, den ich am Schluß behandeln will, weil er am allerwichtigsten ist. Was ist unsere Kirche letzten Endes? Der Unterschied in Augustins Aussage »Es gibt eine Amtskirche, und es gibt eine Kirche im Geist« ist sehr treffend ausgedrückt. Es gibt aber noch eine tiefere Aussage. Wissen Sie, was unsere Kirche ist? Unsere Kirche ist das Erlebnis jedes einzelnen Christen mit Jesus Christus durch die Jahrhunderte und Jahrtausende hindurch. Das ist nicht die offizielle Kirchengeschichte, die wir im Theologiestudium lernen. Das ist auch nicht nur eine Geschichte der Kirche im Geist, sondern das ist die Geschichte jedes einzelnen Christen, der von Jesus Christus gerufen ist, seine Schuld bei ihm abzuladen. Wir sind nicht besser.

Die Kritiker haben völlig recht, wenn sie uns vorhalten, wir seien nicht besser, und wir sollen es ihnen deutlich sagen, daß wir es auch nicht sind. Nur in einer Hinsicht sind wir besser: Wir wissen, daß wir einen gekreuzigten Herrn brauchen; wir wissen, daß wir Sünder sind. Nur in diesem einen Punkt sind wir besser, daß wir Jesus Christus bejahen, daß wir wissen, wir sind Schuldige. Ja sicher, wenn wir lange mit Jesus leben, wenn seine Liebe, seine Klarheit unser Leben durchdringt, dann können wir Dinge tun, wie Paulus das ausdrückt: »Nicht ich, sondern Jesus in mir.« Wir sind nicht besser, aber Jesus ist besser. »Nicht ich, sondern Jesus in mir.«

Letzten Endes ist dies die richtigste und tiefste Antwort für die Leute, die unsere Kirche kritisieren . . . Ich kann mich an ein Gespräch in einem italienischen Gasthaus in Sindelfingen erinnern. Mit einem jungen Mann, der auch als Gast da war, kam ich ins Gespräch, und wir fingen an, über Politik, Religion usw. zu sprechen. Als er hörte, daß ich Pfarrer bin, begann er über die Kirche zu schimpfen. Ich wandte mich an ihn mit der Frage: »Wissen Sie, was die Kirche ist? Letzten Endes ist die Kirche jeder einzelne Mensch, der seine Sünde, seine Not bei Christus abladen und ihm übergeben kann, der weiß, Jesus ist da, mich zu erneuern, mich anzunehmen als verlorenen Sohn. Das ist die Geschichte der Kirche, die Geschichte vom verlorenen Sohn: Er geht von zu Hause fort, verpraßt seine Erbschaft, und dann plötzlich merkt er: Ich habe einen Vater, einen barmherzigen Vater, der auf mich wartet. Das ist die Geschichte unserer Kirche.«

Das ist die Geschichte eines jeden einzelnen von Ihnen, der weiß: Jesus Christus lebt in mir, ich kann ihm meine ganze Not und Schuld übergeben, und er vergibt mir. Er gibt mir neue Kraft, und ich versuche, durch seine Hilfe ein besseres Leben zu führen; nicht ich lebe, sondern Christus lebt in mir.«

Das ist Kirche. Kirche ist jeder einzelne von uns, den Jesus persönlich fragt, wie er Petrus fragte: »Wer bin ich eigentlich?« Und wenn wir wie Petrus sagen können: »Du bist der Christus, der Sohn Gottes«, und wenn wir verstehen, was das bedeutet: der Christus, der Gesalbte, unser Heiland und Erretter, dann wissen wir, von wem wir unser Heil bekommen. Das ist die wahre Kirchengeschichte. Es ist eine Geschichte, die durch die Zeiten bis ans Ende der Zeiten läuft – und diesem Ende gehen wir jetzt schnell entgegen.

Zusammen sind wir Kirche, die Kirche im Geist. Jeder Bruder gehört dazu, der im Abendmahl teilhat an seinem gekreuzigten Leib, denn das ist die Gründung unserer Kirche. Für mich ist Gründonnerstag einer der allerheiligsten Tage. Nicht nur deshalb, weil an diesem Tag das Passah, das Fest der Befreiung, gefeiert wird – es ist nicht nur der Jude in mir, der angesprochen wird –, sondern das ist Kirche. Wir kommen zu ihm wie der verlorene Sohn, mit leeren Händen, ohne Werke, ohne Rechtfertigung, als Verlorene in uns selbst, aber als Gerechte in ihm und durch ihn. In diesem Bild des Abendmahls, dem Bild der wahren Befreiung – denn Passah ist ein Fest der Befreiung, und Gründonnerstag übertrifft diese Befreiung: sie ist nicht nur für ein Volk, sondern für alle Gläubigen da; es ist nicht eine Befreiung auf politischer und sozialer Ebene, es ist eine Befreiung von Schuld und Sünde – sieht man, was Kirche wirklich bedeutet.

Auch soll man wissen, Gründonnerstag ist eine Feier mit allen Christen aller Zeiten, die zu dem Leib Jesu gehören. So wird mir an Gründonnerstag folgendes sehr bewußt: Es geht um mich und meine Beziehung zu Jesus; er befreit mich. Es geht um die Gemeinschaft unter Brüdern und Schwestern; wir sind verbunden durch ihn. Und es geht um alle Christen aller Zeiten, aller Konfessionen, die Jesus gehören. Das ist Kirche. Das ist Befreiung, das ist Erlösung. Ich glaube an den Heiligen Geist und auch an die heilige christliche Kirche.

Christliche Diakonie

In diesen Tagen aber, als die Zahl der Jünger zunahm, erhob sich ein Murren unter den griechischen Juden in der Gemeinde gegen die hebräischen, weil ihre Witwen übersehen wurden bei der täglichen Versorgung.

Da riefen die zwölf die Menge der Jünger zusammen und sprachen: Es ist nicht recht, daß wir für die Mahlzeiten sorgen und darüber das Wort Gottes vernachlässigen. Darum, ihr lieben Brüder, seht euch um nach sieben Männern in eurer Mitte, die einen guten Ruf haben und voll heiligen Geistes und Weisheit sind, die wir bestellen wollen zu diesem Dienst. Wir aber wollen ganz beim Gebet und beim Dienst des Wortes bleiben. Und die Rede gefiel der ganzen Menge gut; und sie wählten Stephanus, einen Mann voll Glauben und heiligen Geistes, und Philippus und Prochorus und Nikanor und Timon und Parmenas und Nikolaus, den Judengenossen aus Antiochia.

Diese Männer stellten sie vor die Apostel; die beteten und legten die Hände auf sie. Und das Wort Gottes breitete sich aus, und die Zahl der Jünger wurde sehr groß in Jerusalem. Es wurden auch viele Priester dem Glauben gehorsam.

Apostelgeschichte 6,1–7

Was bei diesem Text zuerst auffällt, ist, so meine ich, die Aussage der Jünger: »Wir aber wollen anhalten am Gebet und am Amt des Wortes.« Die Voraussetzung für Diakonie ist, daß gebetet wird, daß das Wort verkündigt wird, daß Menschen zum Glauben an Jesus Christus kommen. Nur dann kann man Diakonie ausüben. Heute ist es aber leider in unserer Kirche vielfach umgekehrt. Die Mitarbeiter in unserer Diakonie sind zu einem guten Teil Facharbeiter, also Menschen, die in Psychologie, Sozialwissenschaft usw. gut ausgebildet sind, während der Glaube nicht in den Mittelpunkt gestellt wird. Ein Erlebnis soll dies verdeutlichen. Ich ging in ein Gasthaus und bestellte Fisch. Ich wartete einige Zeit, doch das Essen kam und kam nicht. »Ob der Fisch wohl erst gefangen werden muß?« dachte ich. Nach etwa 25 Minuten Wartezeit wurde es mir allmählich ungemütlich, denn in kurzer Zeit würde mein Zug abfahren, und ich konnte es mir nicht leisten, ihn zu verpassen. So rief ich den Ober und sagte: »Leider muß diesen Fisch jemand anderes aufessen, ich kann nicht in einer Minute einen ganzen Fisch verzehren.« Schnell verließ ich dann die Gaststätte Richtung Bahnhof.

Als ich dort eine kurze Zeit auf den Zug wartete, kam ein junger Mann mit einer alten Frau. Ich dachte: »Aha, Diakonie!« Ein junger Mann mit einer alten Frau, die sicherlich nicht seine Mutter war. An seinem Ärmel entdeckte ich die Armbinde mit der Aufschrift »Bahnhofsmission«. Ich habe gedacht, das ist ein frommes, gutes Wort: Mission. Treibt er hier wirklich Mission? Ich ging zu dem jungen Mann – wir Amerikaner, wir reden, was wir denken – und fragte ihn: »Sie sind Missionar, haben Sie Gottes Wort hier verkündigt?« Er fragte zurück: »Was meinen Sie?« Darauf antwortete ich: »Aber da steht doch geschrieben MISSION, Bahnhofsmission.

Ich nehme an, daß Sie ein Christ sind.« »Von wegen!« war seine kurze Antwort. »Ja, was machen Sie dann hier?« fragte ich. »Wir tun gute Werke, das ist auch christlich, nicht wahr.« Ich sagte ihm: »Nein, das ist nicht christlich, denn gute Werke können die Heiden genauso tun und die Kommunisten ebenfalls. Man braucht nicht Christ zu sein, um gute Werke zu tun.« »Da haben Sie recht«, pflichtete er mir bei. Und dann habe ich ihn angeguckt und gesagt: »Ja, wie stehen Sie zum Glauben?« Darauf antwortet er: »Wissen Sie, ich interessiere mich für Magie und Okkultes.« Ja, das hat er mir gesagt. Und dieser Mann arbeitet in unserer Diakonie heute! Und er glaubt im Herzen – mit einem falschen Verständnis des Jakobuswortes, das er wahrscheinlich gar nicht kennt –, daß gute Werke christlich sind. Ich sage nicht, daß gute Werke unchristlich sind! Gute Werke sind nur christlich, wenn die Werke aus dem Werk Jesu kommen, aus seinem Kreuz, seinem Heil, seiner Hingabe. Nur dann ist ein gutes Werk christlich. So sagen es auch Jakobus und Paulus.

Das erlebte Beispiel zeigt die Lage von heute. Das Problem der Diakonie heute ist nicht, daß wir zu wenig Werke tun – sicher ist das auch der Fall. Es wird sehr viel über gute Werke geredet und im Verhältnis dazu eigentlich sehr wenig getan. Aber das ist nicht das Hauptproblem. Das Hauptproblem ist, daß viel zu wenig gebetet und verkündigt wird in bezug auf Diakonie. *Das* Problem unserer Diakonie heute tritt uns in der Apostelgeschichte des Lukas direkt vor Augen:»Wir aber wollen anhalten am Gebet und am Amt des Wortes.« Und warum beten und verkündigen, auch für Diakone? Weil alle Werke, die getan werden, gar nichts sind, wenn diese Werke nicht im Sinne Jesu getan werden.

Die Menschen sollen durch unser Tun aufmerksam gemacht werden: Er hat alles am Kreuz vollbracht; ich komme zu dir aus seiner Liebe. Glauben Sie wirklich, daß wir unseren Nächsten von Natur aus lieben können? Wir können es nicht. Nur Jesus liebt alle seine Nächsten. Es gibt wenige Menschen, die ich liebe. Zu behaupten, daß ich jeden Menschen liebe, aus mir selbst liebe, wäre total falsch; das kann zwar geheuchelt werden, und das wird auch geheuchelt. Nächstenliebe aber bedeutet, aus Gottes Liebe den Nächsten lieben – wir erinnern uns an die zwei Tafeln des Gesetzes. Die Gebote der ersten handeln von unserer Beziehung zu Gott, und die der zweiten von der zu den Mitmenschen. Und nur, wenn wir diese Beziehung zu Gott haben, können wir unseren Nächsten lieben. Wir verfügen nicht über Liebe, sondern Jesus Christus ist die Liebe. Und weil ich weiß, daß er meinen Nächsten liebt, deshalb gehe ich zu diesem hin mit der wahren Liebe.

Augustin hat das so definiert:»Was ist Nächstenliebe? Nächstenliebe ist, die Liebe weiterzugeben.« Das heißt: Jesus Christus weiterzugeben. Das bedeutet, daß Nächstenliebe, Diakonie, in erster Linie Mission meint, das Wort verkündigen. Heutzutage leben wir in einer Zeit, in der Gottes Wort verdreht wird. Die Art und Weise, wie Gottes Wort, auch das des Alten Testamentes, total verdreht wird, damit es zum Zeitgeist paßt, ist für jemanden, der aus dem jüdischen Volk stammt, abscheulich.

Modellbeispiel dafür ist der barmherzige Samariter. Moderne Pfarrer nehmen die Geschichte vom barmherzigen Samariter – sie hat letzten Endes mit Diakonie zu tun – und sagen:»Die zentrale Aussage dieses Textes ist, daß es darauf ankommt, was wir *tun*. Der Rabbi ging vorbei und hat nicht geholfen. Der Levit ging vorbei und hat nicht geholfen. Aber dieser barmherzige Samariter hat geholfen.« Zuerst einmal sollen wir das verstehen: Wenn der Rabbiner, unser Pfarrer, uns im Stich läßt und alle Kirchendiener uns im Stich lassen, kann es sein, daß dieser Jemand, der kommt, um zu helfen, gerade von den »Feinden« kommt (die Samariter waren Feinde der Juden). Wir sollen ein bißchen acht darauf haben, wer der ist, der zu uns hält, wenn wir von allen anderen im Stich gelassen werden. Natürlich ist der barmherzige Samariter Jesus Christus selbst. Das ist das Zentrum dieses Textes. Aber, ohne das zu berücksichtigen und zu sagen: »Ja, Jesus ist der barmherzige Samariter«, ist das Gesagte nicht wirklich verstanden. Was ist uns tatsächlich gesagt in dieser Geschichte? An den Anfang dieser Geschichte ist das doppelte Gebot der Liebe gestellt! Du sollst den Herrn, deinen Gott, lieben von ganzem Herzen, von ganzer Seele, von allen Kräften und von ganzem Gemüt und deinen Nächsten wie dich selbst. Das bedeutet, dieser Samariter kann das alles, was er getan hat, nur tun, weil er auch Gott liebt. Er lebt in einer Beziehung zu Gott – die Samariter waren eine Sekte im Judentum –, diese Beziehung sehen wir auch bei der Samariterin am Brunnen; sie kennt ihren Ursprung, sie weiß, daß sie von Jakob abstammt. Die Samariter haben alle fünf Bücher Mose und das Buch Josua akzeptiert, sonst nichts. Aber sie konnten das nur tun, weil sie an den Gott Israels geglaubt haben. Das doppelte Gebot der Liebe fängt mit der ersten Tafel an und nicht mit der zweiten. Das bedeutet, die Beziehung zu Gott ist der Ausgangspunkt für Diakonie.

Welche Geschichte finden wir im Lukasevangelium nach der vom barmherzigen Samariter? Die von Maria und Martha. Und gerade Martha ist das klassische Beispiel von Diakonie. Sie tut alles. Sie ist immer da, um Jesus zu versorgen, sich um sein Wohlbefinden zu kümmern. Und was tut diese Maria? Sie setzte sich zu Jesu Füßen und hörte ihm zu. Martha macht ihr einen Vorwurf, indem sie zu Jesus sagt: »Herr, fragst du nicht danach, daß mich meine Schwester läßt allein dienen?« Darauf antwortete Jesus: »Maria hat das gute Teil erwählt.« Das bedeutet nicht, daß er Martha verwirft, sondern daß Marthas Tun nur Sinn haben kann, wenn sie, wie Maria, auf sein Wort hört, zu ihm betet und aus seiner Kraft lebt. Nur dann kommt Marthas Diakonie zu ihrem Wesen, wenn sie aus der Kraft Christi getan ist. Und diese Begebenheit steht direkt nach der Geschichte vom barmherzigen Samariter. Heutzutage wird gesagt, der Mensch sei Maßstab aller Dinge. Deswegen wird die Betonung auf die guten Werke gelegt.

Nach meiner Bibel endet der Schöpfungsakt Gottes nicht mit der Erschaffung der Menschen, sondern mit Gottes Schalom, mit seinem Frieden und mit seiner Stille. Wenn der Mensch Maßstab aller Dinge ist, dann ist der Sündenfall Antwort auf die ganze Geschichte. Denn was hat der Mensch getan? Er ist von sich aus abgefallen von Gott. Aber unser wiederkommender Herr wird seinen Frieden wiederherstellen. Ein weiterer Beweis: Wenn man diakonische Arbeit tun will, kann man das nur aus dem Frieden Gottes heraus tun; und das bedeutet, aus Jesus Christus, denn er ist unser Friede. Nicht nur die zwei Tafeln der Gesetze zeigen die Voraussetzung für diakonische Arbeit.

Wie ist es beim Vaterunser? Die ersten Sätze nennen die Beziehung zu Gott, dann erst folgt die Bitte um unser tägliches Brot. Jesus sagt: »Wir leben nicht vom Brot allein.« Ich bin zwar kein Diakon, aber als Pfarrer tue ich auch diakonische Arbeit in diesem Sinne: Ich kann nur gute Werke tun, wenn Christus in mir wohnt. Ich bin nicht gut, ich bin ein gefallener Mensch. Gute Werke kann ich nur durch Jesus Christus tun, der gut ist, der meinen Nächsten vollkommen liebt, der nicht einen geheuchelten Blick machen muß oder ein schmeichelndes Lächeln mit den Worten: »Oh, ich bin für dich, ich stehe zu dir.« Wir sollen keine Heuchler sein. Von uns aus lieben wir unsere Nächsten nicht. Aber Jesus liebt sie. Und weil wir Jesus lieben, wenden wir uns unseren Nächsten zu. Das ist Diakonie. Das ist die Voraussetzung, wahre Arbeit zu leisten.

Warum sollen wir anhalten am Gebet und an der Verkündigung? Was hat das mit Diakonie zu tun? Weil Jesus nicht nur dem Leib hilft, sondern unserer ganzen Person, nämlich Leib, Geist und Seele. Der junge Mann am Bahnhof hat nur leiblich geholfen. Er hat nicht Geist und Seele geholfen. Jedes gute Werk, das nur den Leib betrifft, ist nicht ein volles christliches Werk. Jesus geht es bei seiner Hinwendung zu uns nicht nur um das tägliche Brot, um unseren Leib, sondern um das wahre Brot, und das ist sein Leib. Was wir für unseren ganzen Menschen brauchen ist Jesus Christus. Und alle wahren guten Werke haben das eine Ziel, der ganzen Person zu helfen.

Nebenbei bemerkt, deswegen beten viele Juden so, indem sie ihren ganzen Körper bewegen, mit ihrer ganzen Person. Wir beten mit gefalteten Händen, was nicht schlecht ist, aber die Juden beten mit ihrer ganzen Person. Sicher kann das Angeberei sein, aber wenn das richtig verstanden ist, bedeutet das:»Ich gehöre dir ganz, mein Leib, mein Geist und meine Seele; das alles gehört dir.« Und das ist Voraussetzung für wahres Menschsein. Sonst bin ich nur eine gefallene Kreatur.

Im Sommer hatte ich ein langes Gespräch mit meiner Schwester, die Psychoanalytikerin ist. Auf diesem Gebiet werden die Diakone heutzutage ausgebildet. Ich kenne dieses Gebiet sehr gut. In Heften über Psychiatrie habe ich auch Artikel gegen Freud und die Psychoanalytiker veröffentlicht. Und wie reagierte meine Schwester darauf?»David«, sagte sie,»weißt du, wenn ich wirklich helfen will, müssen Dinge in mir passieren. Ich kann nicht durch meine Vernunft und mit dem, was ich gelernt habe, Menschen helfen.« Sie sagt, die Regungen in ihr seien etwas Religiöses, da seien Mächte und Kräfte, die sie spüre. Aber sie ist keine bewußte Jüdin. Ich habe ihr geantwortet:»Lois, du mußt verstehen, was Gebet ist. Wenn du deinen Patienten wirklich helfen willst, mußt du sie zum Heil (ich habe nicht Christus genannt, sie ist Jüdin), zum Gott Israels (der Jesus Christus ist) führen. Nur dann wird diese Person *geheilt* werden, die ganze Person, Leib, Geist und Seele. Jesus ist unser Heil.

Die Psychoanalytiker können nur äußerlich heilen, denn sie können keine Schuld vergeben. Nur Christus kann Schuld vergeben. Darum reden sie auch nicht von Schuld. Sie wollen diesen Begriff nicht hören, gerade weil sie keine Antwort haben auf dieses zentrale Problem unseres Geistes und unserer Seele, auf das Problem der Schuld, die in uns steckt.

Der einzige Weg, Menschen, die in geistiger (geistlicher) Not sind, zu helfen, ist letzten Endes der durch Gebet und Auslieferung der ganzen Person an Jesus Christus. So hat Christa Meves in einem langen Gespräch mit mir gesagt – wir waren uns ganz einig in dieser Sache: Die letzte Dimension, die wahre Dimension, das Heil für Not – wir redeten über Diakonie, Menschen in Not – ist Christus, die Übergabe der eigenen Person an unser Heil.

Ich gebe zwei Beispiele. Ich kann nicht als Diakon reden, sondern als Pfarrer; aber ich habe Arbeit, die auch diakonisch ist. Ich werde über Kranke reden, das ist auch diakonische Arbeit. Ich hatte früher einen Kollegen, der sehr modern eingestellt war. Mir wurde folgende Geschichte erzählt: Dieser Kollege besuchte einen Kranken im Krankenhaus. Der Kranke war ziemlich krank, fast jeder Knochen in seinem Körper war gebrochen, er konnte sich kaum bewegen, er »hing« da im Krankenhaus. Und mein Kollege ging hin, nicht weil er hingehen wollte, sondern weil ihn jemand aufmerksam gemacht hatte. Und was hat er getan? Gar nichts. Er hatte gelernt von der Roger-Psychologie, die vor 40 Jahren in Amerika sehr in Mode war. Dieser Methode zufolge sollte man nicht reden, sondern warten, bis der Patient redete. Aber der Patient war zu krank, um überhaupt zu reden. Sowohl der Patient als auch der Pfarrer haben nur geguckt, und nach zehn Minuten ging der Pfarrer nach Hause. Das ist eine Karikatur dessen, wie Diakonie heute öfters bei uns aussieht.

Nun will ich eine meiner Erfahrungen mit einem Kranken weitergeben, aus der ich gelernt habe, daß ich im wahrsten Sinne nur helfen konnte, wenn ich mich selbst im Gebet ganz und gar Christus übergab, daß Christus für mich redete und nicht ich selbst. Eine sehr merkwürdige Geschichte. Der Patient war 83 Jahre alt, sehr krank. Er war Flüchtling, halb blind. Es war schwer zu sagen, was noch gesund war an seinem Körper, aber er lag nicht im Sterben. Bevor ich ihn besuchte, betete ich. Während meines Besuches sprach ich mit ihm über Gottes Wort. Ich schaute ihn strahlend an und sagte: »Ja, schauen Sie mal, Sie sind 83 Jahre alt, Sie können dankbar sein, in dem Deutschland des 20. Jahrhunderts als Mann so lange gelebt zu haben. Sie haben zwei Weltkriege überlebt, Sie haben alle mögliche Wirtschaftsnot überlebt. Und wieviel Leute ihres Jahrgangs leben überhaupt noch?« Der Mann sah mich an – er hatte ja noch ein sehendes Auge – und sagte ein Wort, das ich hier nicht wiederholen möchte. »Herr Pfarrer, aber alles ist S . . .«, sagte er. Ich schaute ihn sehr traurig an. Eine Woche später besuchte ich ihn wieder. Nochmals versuchte ich, über Gottes Wort zu sprechen. Ich betete vorher und versuchte, ihn anzusprechen.

Fünf Wochen lang ging das so, mit einer biblischen Auslegung, die sicher richtig war. Aber es war nicht das Richtige für diesen Mann in seiner Lage. Das zu erkennen, ist sehr wichtig. Die Bibel bietet uns viele Möglichkeiten, das Richtige zu sagen, und ich hatte hier nicht die richtige dieser Möglichkeiten gewählt. Ich betete. Nach fünf Wochen war ich verzweifelt. Dann entschloß ich mich, mehr für diesen Mann zu beten. Und ich betete und betete bis ich meine eigene Stimme und meine eigenen Wünsche nicht mehr hören konnte. Das ist Beten, die ganze Person Jesus Christus übergeben. Als ich den kranken Mann dann wieder besuchte, habe ich nicht meine biblische Auslegung gebracht, sondern Christus hat durch mich gesprochen. Der Patient guckte mich an und sagte seinen Lieblingssatz: »Herr Pfarrer, aber alles ist S . . .« Auch ich schaute ihn an und sagte zustimmend: »Sie haben recht.« Er sah mich überrascht an. »Was, der Pfarrer bestätigt das?!« dachte er wohl. Ich antwortete ihm: »Alles, ihre Vergangenheit, ihre Gegenwart, alles, was Sie erlebt haben, alles ist . . ., aber Sie haben Zukunft.« Und ich fing an, von dem auferstandenen Christus zu reden. Und plötzlich war dieser Mann wie verwandelt. Seine Augen waren wach. Er vergaß alles, was er als Vertriebener erlebt hatte, als Kranker, als einer, der zwei Weltkriege hinter sich hatte. Plötzlich war er auf Christus anzusprechen. Das war die Wirkung wahren Gebetes. Nicht meine kluge Auslegung der Schrift hatte ihn getroffen, Jesus, der für mich geredet hat. Das ist Diakonie, nichts anderes.

Diakonie hat es nicht in erster Linie mit Werken zu tun. Sie sind eine Folge, ein Vollzug. Dieser Mann war getroffen, an Leib, Seele und Geist, voll getroffen von Gottes Zukunft. Erst dann konnte man ihm helfen. Einem armen Menschen einfach ein bißchen Brot geben, um ihm zu helfen, oder sich um einen Behinderten kümmern, das ist noch nicht Diakonie in ihrer Ganzheit. Diakonie ist, daß Jesus Christus uns durch sein Wort, im Gebet trifft – ganz und gar, Leib, Seele und Geist – und uns aufrichtet. Wir brauchen keine Profis.

Meine Schwester kann niemand wirklich auf Dauer heilen, wenn sie nicht gläubig ist. Sie mag alles lernen und wissen, was Freud und Adler gesagt haben – ich kenne deren Thesen auch –, aber diese Lehren bringen kein Heil. Aber in dem Moment, wenn Christus in ihr Herz kommt, sie mit anderen beten kann, das Ganze Christus übergeben und dann kann sie Diakon sein. Diese Tatsache ist vergessen worden, mindestens in meiner Kirche. Es gibt große Not in der Diakonie, weil wir uns oft nur auf die Facharbeiter verlassen.

In dem zu Anfang genannten Text gibt es keine Stelle, die über Facharbeit, über Fachkenntnisse redet. Gebet, Verkündigung, voll

Heiligen Geistes – darum geht es. Das ist Diakonie. Und dann wird das Werk der Vollzug, denn Christus wird es tun und nicht wir. Es wird die ganze Person umfassen: Leib, Seele und Geist. Weiter heißt es in unserem Text: ».. . die einen guten Ruf haben und voll heiligen Geistes und Weisheit sind.« Was bedeutet Weisheit in der Bibel? Es steht mehrmals geschrieben, bei Jesaja und Paulus, daß menschliche Weisheit von Gott zu Torheit gemacht ist. Und was tun die meisten unserer Diakone heute? Sie verkündigen menschliche Weisheit, ihre gelernte Psychologie. Nebenbei bemerkt, sie ändert sich von Jahr zu Jahr; das ist das Schlimme an der Psychologie. Man erzieht zum Beispiel ein Kind nach einer bestimmten psychologischen Methode, und trotzdem wird das Kind in seinem Verhalten unmöglich sein. Dann geht man zu einem anderen Psychologen. Von ihm hört man die Worte: »Ach, das ist alles überholt, man muß das Kind so erziehen.« Fünf Jahre später begegnen wir wieder neuen Methoden. Zeitgeist – haschen nach Wind. Jesu Geist hat sich nie geändert, und seine Wahrheit bleibt ewig bestehen. Sie ist nicht menschliche Weisheit.

»Guten Ruf« – Was bedeutet es, einen guten Ruf zu haben? Hier ist gemeint, daß der Betreffende nüchtern ist, biblisch, sich in der Gemeinde und auch im öffentlichen Leben christlich verhält, daß er nicht im Alleingang etwas tut, sondern in Brüderlichkeit gemeinsam mit anderen und aus der Kraft Gottes lebt. – Das bedeutet hier guter Ruf, guter Ruf unter den Brüdern: Daß wir zueinander gehören und miteinander in Gemeinschaft in Christus leben. Wer wirklich einen guten Ruf unter den Brüdern hat, wird auch unter den Menschen, die sich zu Gott halten, einen guten Ruf haben. Selbstverständlich werden wir von der Welt verleumdet werden. Wir Juden waren immer von der Welt verleumdet. Auch heute ist das noch genauso. Aber wir Christen befinden uns in der gleichen Lage.

Wenn wir in echter Gemeinschaft mit den Brüdern und wahrhaftig aus der Kraft Christi leben, dann nehme ich an, daß wir auch ehrlich leben und bestrebt sind, christusgemäß zu leben. Warum steht in der Bibel, daß Jesus unser wahrer Arzt ist? Es geht hier sogar um unseren Körper. Ich erinnere mich, als ich einmal Beschwerden hatte, ging ich zu Deutschlands damals berühmtestem Arzt. Er war ein ausgezeichneter Arzt, hat gesund gelebt und ist 99 Jahre alt geworden. Dieser Mann, der ein unwahrscheinlicher Diagnostiker war, wurde sogar von Bismarck gerufen, ihn zu behandeln, als er noch Student war. Als der Arzt in meinen Hals schaute, sagte er: »Genauso wie Willi!« – »Was meinen Sie mit dieser Aussage?« fragte ich ihn. Darauf antwortete er: »Kaiser Wilhelm natürlich, er hatte genau das gleiche Problem.« Er hat mir dann auch Emser Salz verschrieben für diese Sache, genau wie dem Kaiser Wilhelm. Dieser Arzt hatte in seinem Büro einen Spruch hängen, der zum Inhalt hatte, daß der Arzt den Körper zu heilen vermag, aber das wahre Heil und die wahre Kraft von Gott kommen. Das war ein richtiger Arzt. Ein Arzt, der verstand, um was es in der Medizin letzten Endes geht – denn wer hat uns unseren Körper gegeben? Im psychologischen Bereich trifft dies noch vielmehr zu. Was wir sind und haben, kommt alles von Gott selbst. Nur wenn unser Leben im Einklang mit ihm ist, erleben wir Heil.

Ich gebe noch ein Beispiel und verdeutliche es anhand von kranken Leuten, denn als Pfarrer habe ich sehr oft mit kranken Leuten zu tun. Der Pfarrer, der mich getauft hat, erzählte mir folgende Geschichte: Eine Frau, die geistig etwas verwirrt war, kam zu ihm. Sie war bei einem Psychotherapeuten in Behandlung, aber dadurch ist sie noch kränker geworden. Die Beziehung dieser Frau zu ihren Eltern, ihrem Mann, ihrer ganzen Familie, war nicht in Ordnung. Ab einer gewissen Zeit hörte sie regelmäßig Gottes Wort. Tag um Tag ist diese Frau näher zu Jesus Christus gekommen. Und welche Auswirkung hatte dieses Näherkommen zu Jesus? Diakonische Auswirkung: Bei der Frau wuchs eine neue Beziehung zu ihrem Mann und zu ihren Eltern, ihr Leben wurde heil.

Wenn der erste Teil – wir erinnern uns an die Gebote der ersten Tafel –, die Beziehung zu Gott, zu Jesus Christus, unserem Heil, wahrhaftig in Ordnung ist, dann kommt das Wirklichkeitwerden des zweiten Teils – Gebote der zweiten Tafel – von selber. Kann ein wahrer Christ, wie Jakobus uns fragt, nur von Glauben leben, ohne Werke? Selbstverständlich nicht. Denn ein wahrer Christ, der das Heil in Jesus Christus erlebt, muß das anderen sagen. Wir haben keine andere Wahl. Ein Christ, der sagt, »Ich bin gläubig, mit den anderen soll passieren, was will, es geht um mich«, ist kein Christ. Gott ist ein eifernder, brennender Gott – und er will jeden gewinnen! Wer eine Begegnung mit dem wahren Gott erlebt hat – und ich habe das auch mehrmals erlebt in meinem Leben, daß Gott uns aufhebt und weiterführt –, der will und muß diese Erfahrungen weitergeben an andere.

Heute wird viel über Krebs geschrieben, wie man lernt, trotz Krebs eine positive Einstellung zum Leben zu gewinnen, wie man gegen diesen Krebs ankämpfen soll. Es gibt nur einen Weg, geistig und seelisch gegen Krebs zu kämpfen. Es ist der Weg, sein Leben Jesus Christus zu übergeben. Was passiert mit mir, wenn ich das tue? Ich weiß, ich werde leben, auch wenn ich sterbe. Ist das nicht auch eine tiefe Zielsetzung der Diakonie? Besteht die Zielsetzung der Diakonie nur darin, dem Menschen zu geben, was er jetzt braucht, und dann zu sagen: »Ich habe geholfen«? Das ist zwar human, aber nicht unbedingt christlich. Die Zielsetzung der Diakonie ist, Jesus ins Leben des anderen zu bringen, um zu helfen. Und das bedeutet, ihm nicht nur Heil für jetzt zu bringen, sondern für alle Zukunft.

Was nützt es mir, wenn ich von einem Arzt von meiner Krankheit geheilt werde und dann doch einmal abseits von Gott, ohne Glauben an ihn, sterbe? Aber ganz anders ist es bei solchen krebskranken Menschen, die mit Christus leben und durch seine Kraft ihren Leidensweg auf sich nehmen und gehen können. Sehr viele von ihnen habe ich begleitet. Sie wissen: Mein Leidensweg, das ist Jesu Leidensweg. Das ist dann Nachfolge seines Kreuzes. Bei Petrus finden wir Freude darüber, als Märtyrer für seinen Herrn sein Leben zu lassen, gekreuzigt zu werden wie Christus. Man soll ihn mit dem Kopf nach unten gekreuzigt haben. Ein wirklicher Christ freut sich auch im Leiden, dieses für Gott zu erdulden. Er sucht nicht Wunderheiler, er sucht den wahren Wundertäter, der den Weg des Leidens gegangen ist bis zum Tod. Das bedeutet nicht, daß wir nicht den Arzt aufsuchen sollen, daß wir nicht Hilfe in Anspruch nehmen sollen. Wir wollen auch versuchen, das Leben, das uns gegeben ist, zu erhalten, damit wir auch anderen helfen können, den Weg zu Christus zu finden. Aber als Paulus krank war, hat Jesus zu ihm gesagt: »Laß dir an meiner Gnade genügen.« Das ist die tiefste diakonische Aussage, die ich kenne. Das ist Diakonie: Meine Gnade ist genug. Und er hat ihn nicht körperlich, äußerlich geheilt. Paulus hat das mit Liebe und Geduld angenommen – »Meine Gnade ist genug.« Das ist wahre Diakonie.

Der reiche Kornbauer

Es sprach aber einer aus dem Volk zu ihm: Meister, sage meinem Bruder, daß er mit mir das Erbe teile. Er aber sprach zu ihm: Mensch, wer hat mich zum Richter oder Erbschlichter über euch gesetzt? Und er sprach zu ihnen: Seht zu und hütet euch vor aller Habgier; denn niemand lebt davon, daß er viele Güter hat.

Und er sagte ihnen ein Gleichnis und sprach: Es war ein reicher Mensch, dessen Feld hatte gut getragen. Und er dachte bei sich selbst und sprach: Was soll ich tun? Ich habe nichts, wohin ich meine Früchte sammle. Und sprach: Das will ich tun: ich will meine Scheunen abbrechen und größere bauen und will darin sammeln all mein Korn und meine Vorräte und will sagen zu meiner Seele: Liebe Seele, du hast einen großen Vorrat für viele Jahre; habe nun Ruhe, iß, trink und habe guten Mut! Aber Gott sprach zu ihm: Du Narr! Diese Nacht wird man deine Seele von dir fordern; und wem wird dann gehören, was du angehäuft hast? So geht es dem, der sich Schätze sammelt und ist nicht reich bei Gott.

Lukas 12,13–21

Diese von Jesus erzählte Geschichte hat einen merkwürdigen Anklang an eine Geschichte des Alten Testaments, welche anscheinend eine ganz andere Schlußfolgerung und einen anderen Sinn hat: die Geschichte Josefs. Wir erinnern uns, daß der kluge, von Gott inspirierte und geführte Josef eine sehr besondere Gabe hatte; nämlich die, Träume zu deuten. Wir wissen auch, daß der Pharao in Ägypten zwei Träume hatte. Einmal träumte er von sieben mageren, häßlichen Kühen, die sieben fette Kühe auffraßen. Das andere Mal sah er im Traum sieben magere Ähren, welche sieben dicke Ähren verschlangen. Weil Josef die Träume des Bäckers und des Mundschenks richtig gedeutet hatte, holte man ihn aus dem Gefängnis, um auch dem Pharao beide Träume zu deuten. Der Herr zeigte Josef die Deutung und er antwortete Pharao: »Beide Träume bedeuten das gleiche. Die sieben fetten

Kühe und die sieben dicken Ähren sind sieben Jahre reicher Ernte in Ägyptenland. Nach ihnen werden sieben Jahre des Hungers kommen. Und der Hunger wird das Land verzehren.« Josef empfahl dem Pharao, in den sieben reichen Jahren von jedem den fünften Teil seines Getreideertrages zu nehmen, dieses Getreide zu sammeln und in den Kornhäusern (Scheunen) des Pharao aufschütten zu lassen, damit für Nahrung gesorgt sei für die Menschen des Landes in den sieben Jahren des Hungers. Josef wurde aus dem Gefängnis entlassen. Er wurde vom Pharao zum zweiten Mann des Landes ernannt, und ihm wurde diese Aufgabe des Sammelns und Koordinierens übertragen. Wir erinnern uns, daß durch diese gefüllten Scheunen nicht nur die Ägypter vorbereitet waren auf die schlechten Jahre, sondern auch für das Gottesvolk, für Israel, gesorgt war, hier vertreten durch Josefs Vater, Jakob, und Josefs böse Brüder.

Eigentlich scheint das Handeln des reichen Kornbauern in dieser Hinsicht biblisch zu sein, Scheunen zu bauen als eine Art von Vorbereitung. Kann er denn sein Vorhaben, alles in die Scheunen zu sammeln, nicht gutheißen im Hinblick auf Josefs Tun?

Dieser Vergleich zwischen Josefs Rat zum Scheunenbauen und den geplanten Scheunen des reichen Kornbauern soll uns zu einem tiefen Verständnis unseres Textes führen.

Warum will der reiche Kornbauer Scheunen bauen? Für sich selbst, damit er die kommenden Jahre seines Lebens genießen kann – »Und will sagen zu meiner Seele: Liebe Seele, du hast einen großen Vorrat für viele Jahre; habe nun Ruhe, iß, trink und habe guten Mut!« Das bedeutet, diese Scheunen sind für ihn allein geplant, und zwar vor allem deshalb, daß er dann die Welt genießen kann. Die Scheunen aber, die der Pharao durch Josef mit Getreide füllen ließ, waren durch Josef zugänglich für das ganze Volk und zugleich, wenn das auch zur Zeit des Sammelns noch nicht bekannt war, für Gottes Volk, damit es überleben konnte. Die Scheunen Pharaos mit ihrem Inhalt dienten nicht dazu, daß nur ein Mensch, hier der Pharao, genießen konnte, sondern daß sein ganzes Volk und dann auch noch Menschen in der Umgebung überleben konnten. Das Handeln beider, das des Josefs und das des reichen Kornbauern, scheint klug zu sein. Die Scheunen des Pharao, verwaltet von Josef, waren wichtig um des Gottesvolkes willen und damit durch dieses Volk für das Heil aller Völker in

Jesus Christus. Aber das Tun des reichen Kornbauern richtet sich gegen sein Heil, denn seine Seele wird noch am selben Abend von ihm gefordert. Er wird sterben, und sein Leben ist noch nicht in Ordnung gebracht mit dem Herrn, denn seine Pläne zielen nur auf Genuß.

Die Geschichte des reichen Kornbauern ist die Geschichte vom Deutschland der Nachkriegszeit, in dem wir leben. Sicherlich, sie ist auch die Geschichte vieler anderer Völker in unserer und auch vergangener Zeit, aber sie ist auch unsere Geschichte. Nicht wahr, nach dem Krieg und auch schon kurz vor Kriegsende breitete sich eine Bußstimmung im Lande aus. Plötzlich waren die Kirchen voll und die Gestalt des Führers unpopulär. So sehen wir Bilder von ihm, wie er am Ende des Krieges durch leere Straßen geht, ohne Publikum, ohne Grüße. Und gleichzeitig waren die Gotteshäuser voll.

Nach dem Krieg war alles zerstört; aber auch die Lebenseinstellung war dahin. Ein neuer Anfang mußte gemacht werden, und viele wollten diesen Anfang mit dem Herrn machen. Aber dann, auch unter dem Einfluß der Amerikaner, wuchs ein neuer Wohlstand in Deutschland. Mit amerikanischem Geld, deutschem Fleiß und industrieller Leistungsfähigkeit wurden zertrümmerte Städte und die zerstörte Industrie wieder aufgebaut. Bereits in den fünfziger Jahren waren die »reichen Kornbauern« am Werke, nicht vor allem wie in unserer Geschichte als Landwirte, sondern als Geschäftsleute und Industrielle. Diese neuen Reichen waren am Werke, nicht nur aufzubauen, zu überleben, einen neuen Anfang zu machen mit dem Herrn des Lebens, aus seiner Kraft, sondern bald waren sie am Werke, Überfluß zu schaffen für sich selbst und ihre Angehörigen und gleichzeitig dem Herrn den Rücken zu kehren.

So wurden in den fünfziger und sechziger Jahren immer mehr Gotteshäuser gebaut, aber gleichzeitig wurden diese schönen Gotteshäuser immer leerer und die Predigten vielleicht im allgemeinen weniger inhaltsreich. Waren diese Gotteshäuser auch unsere Scheunen? Verkörperten sie unsere Art, zwar durch Geld Gott die Ehre zu geben, aber nicht mehr durch unsere ganze Person, unsere Hingabe für die Gemeinde Christi? Die Scheunen des Kornbauern sind Pläne seines Wohlstandes, aber unwirkliche, denn diese Scheunen werden nie gebaut werden. Und diese nagelneuen Kirchen waren auch Zeichen unseres neuen Wohlstandes, aber sie waren auch ohne wahren Inhalt. Sie waren neu, nagelneu, aber ziemlich bald ohne sonntäglichen Gebrauch, leer, entleert, wie die Träume des reichen Kornbauern.

Die Scheunen, welche der Pharao auf Josefs Rat hin bauen ließ, waren eine Art von Gottesdienst, Gottes Zeichen, denn der Herr, wie Josef sagte, legte die Träume aus. Die Scheunen sind Josefs Antwort auf Gottes Verheißung, ein Glaubensakt, und zwar nicht nur wegen des Überlebens der Ägypter und des Volkes Israel, sondern auch wegen der Verheißung an Israel: »Durch dich werden gesegnet alle Völker auf Erden.« Diese Scheunen sind dann Zeichen des Gottes Israels, dem Gott des Lebens, daß sein Volk und auch andere Völker diese schweren Zeiten überleben werden, und daß sein Heil in Jesus Christus kommen wird. »Niemand aber lebt davon, daß er viele Güter hat.« Diese Güter wurden geteilt im fleischlichen, und dann durch Jesus Christus auch im geistlichen Sinne.

Aber wie ist es mit uns und unseren Gütern? Lebt unsere Gesellschaft nicht eher wie der reiche Kornbauer für sich selbst? »Was habe ich davon?« ist oft die erste Frage der Menschen von heute. Habgier prägt unsere Gesellschaft; aber diese Haltung dient letzten Endes niemandem zum Wohl. Denn wegen dieses Überflusses haben wir den Geber aller Güter, den Herrn, vergessen und leben vom Fett des Landes, als ob uns das zustünde und uns alles gehörte.

Könnte es nicht sein, daß diese sieben Jahre unserer Geschichte für viele Gottes endgültiges Gericht bedeuten? Denn sieben ist eine absolute Zahl, die Zahl der Schöpfung, und diese sieben Jahre zerstören ganz und gar die sieben fetten Jahre. Wird nicht das Gericht, der gerechte Gott, Jesus Christus, diese Habsucht und zugleich die Habsüchtigen ein für allemal zerstören? »Du Narr«, sagte Jesus zum reichen Kornbauern, »diese Nacht wird man (wird Jesus) deine Seele von dir fordern.« Das bedeutet Gericht, den Sieg dieser häßlichen, mageren Jahre.

Jede Ernte auf den Feldern ist ein Zeichen für uns. Sie stellt uns vor Augen, Jesus Christus ist der Herr des Lebens. Er gibt uns in seiner Güte Regen und Sonne, guten Boden. Diese Ernte ist ein Zeichen unserer Lebenseinstellung. Nehmen wir sie an, ernten wir mit unseren Gaben, unserem Fleiß, aus Dankbarkeit zu ihm, in seinem Sinne, nicht für uns, sondern daß sein ewiger Name geheiligt werde, wie es Josefs Scheunen zeigen? Oder sind unsere Traumscheunen, wie die des reichen Kornbauern, nur für unseren eigenen Genuß und Wohlstand, daß wir mit den Gaben und Möglichkeiten, welche der Herr uns gegeben hat, nur in unserem Sinne ernten, ohne ihm die Ehre zu geben und ohne bewußt in Dankbarkeit aus seiner Hand zu leben? Oder stellen wir diese gefüllten Scheunen auch unseren Mitmenschen und dem Missionsdienst zur Verfügung, indem wir mit unseren Gaben helfen?

Wenn wir durch die Felder gehen und die reife Ernte sehen, dann sollen wir, jeder einzelne, uns selbst fragen: Gehe ich die Wege Josefs im Blick auf meine Ernte oder die Wege des reichen Kornbauern? Nutze ich meine Gaben allein für mich, in meinem Sinne, oder für den Herrn, in seinem Sinne? Bin ich mir bewußt, woher meine Gaben und auch meine guten Werke kommen? Nicht von mir selbst, sondern von meinem Schöpfer und Erlöser.

Wenn wir beim Erntedankfest im Gottesdienst sind, um den Herrn zu ehren, ihn für seine Gaben zu loben, und um unsere eigene Person dem Herrn zu weihen als unsere Gabe, als seine Ernte, dann werden wir vom Herrn der Ernte in seinem Gericht als gute Frucht erfunden werden, und der Herr wird uns sammeln, Person um Person, zu seinem Reich, dem Reich der neuen Schöpfung, der unbegrenzten Gaben und Güter des Herrn. Aber wenn wir den Weg des reichen Kornbauern gehen, den Weg des Eigennutzes, der Habgier, den Weg, seine Schöpfung für den eigenen Willen, Wohlstand und Ruhm auszunutzen, dann wird Jesus Christus zu uns sagen: »Wenn ihr die ermahnenden Worte jetzt hört und eure Wege nicht ändert, wird eure Seele vom häßlichen Gericht der Zerstörung, der Selbstzerstörung, von euch gefordert werden. Niemand weiß, wann sein Tag kommen wird, der Tag seines Todes und Gottes Gericht.

Karfreitag – Kreuz

Und als sie ihn verspottet hatten, zogen sie ihm den Mantel aus und zogen ihm seine Kleider an und führten ihn ab, um ihn zu kreuzigen. Als sie hinausgingen, fanden sie einen Menschen aus Kyrene mit Namen Simon; den zwangen sie, daß er ihm sein Kreuz trug.

Und als sie an die Stätte kamen mit Namen Golgatha, das heißt: Schädelstätte, gaben sie ihm Wein zu trinken mit Galle vermischt; und als er's schmeckte, wollte er nicht trinken. Als sie ihn gekreuzigt hatten, verteilten sie seine Kleider und warfen das Los darum. Und sie saßen da und bewachten ihn. Und oben über sein Haupt setzten sie eine Aufschrift mit der Ursache seines Todes: Dies ist Jesus, der Juden König.

Und da wurden zwei Räuber mit ihm gekreuzigt, einer zur Rechten und einer zur Linken. Die aber vorübergingen, lästerten ihn und schüttelten ihre Köpfe und sprachen: Der du den Tempel abbrichst und baust ihn in drei Tagen, hilf dir selber, wenn du Gottes Sohn bist, und steig herab vom Kreuz! Desgleichen spotteten auch die Hohenpriester mit den Schriftgelehrten und Ältesten und sprachen: Andern hat er geholfen und kann sich selber nicht helfen. Ist er der König von Israel, so steige er nun vom Kreuz herab. Dann wollen wir an ihn glauben. Er hat Gott vertraut; der erlöse ihn nun, wenn er Gefallen an ihm hat; denn er hat gesagt: Ich bin Gottes Sohn. Desgleichen schmähten ihn auch die Räuber, die mit ihm gekreuzigt waren.

Und von der sechsten Stunde an kam eine Finsternis über das ganze Land bis zur neunten Stunde. Und um die neunte Stunde schrie Jesus laut: Eli, Eli, lama asabtani? das heißt: Mein Gott, mein Gott, warum hast du mich verlassen? Einige aber, die da standen, als sie das hörten, sprachen sie: Der ruft nach Elia. Und sogleich lief einer von ihnen, nahm einen Schwamm und füllte ihn mit Essig und steckte ihn auf ein Rohr und gab ihm zu trinken. Die andern aber

sprachen: Halt, laß sehen, ob Elia komme und ihm helfe!
Aber Jesus schrie abermals laut und verschied.
Und siehe, der Vorhang im Tempel zerriß in zwei Stücke
von oben an bis unten aus. Und die Erde erbebte, und die
Felsen zerrissen, und die Gräber taten sich auf, und viele
Leiber der entschlafenen Heiligen standen auf und gingen
aus den Gräbern nach seiner Auferstehung und kamen in
die heilige Stadt und erschienen vielen. Als aber der Haupt-
mann und die mit ihm Jesus bewachten das Erdbeben sahen
und was da geschah, erschraken sie sehr und sprachen:
Wahrlich, dieser ist Gottes Sohn gewesen! Und es waren
viele Frauen da, die von ferne zusahen; die waren Jesus aus
Galiläa nachgefolgt und hatten ihm gedient; unter ihnen
war Maria von Magdala und Maria, die Mutter des Jakobus
und Josef, und die Mutter der Söhne des Zebedäus.

Matthäus 27, 31–56

»Und als sie hinausgingen, fanden sie einen Menschen aus Kyrene mit Namen Simon; den zwangen sie, daß er ihm sein Kreuz trug.«

Dem großen Gottesknecht Hiob wurde das größte persönliche Leid angeheftet, welches je ein Mensch ertragen mußte. Er, der glücklich verheiratet war, reich an Glauben und Besitz, mußte erleben, daß seine Frau ihn zur Absage Gott gegenüber verleiten wollte, seine Kinder starben, daß er seinen ganzen Reichtum verlor, daß er Zeichen der Unreinheit, böse Geschwüre, an seinem Leib bekam. Das Schlimmste für Hiob waren die Vorwürfe seiner frommen Freunde, die gekommen waren, um ihm ins Gewissen zu reden: »Hiob, warum so eine Strafe, was hast du getan?« Und dieser Hiob brach unter dieser Last zusammen. In Kapitel 9 kündigt er den Bund des Lebens und der Gerechtigkeit mit dem Herrn und bezeichnet Gott als einen unbarmherzigen Tyrannen. In diesem Zusammenhang steht vor uns auch der große Lei-densprophet Jeremia. Ihm wurde bei seiner Berufung mit 25 Jahren das größte völkische Leiden angeheftet, welches es je gegeben hat. Er mußte ständig verkündigen, daß ein Feind aus dem Norden, später als die Babylonier bezeichnet, kommen wird, um Israel zu zerstören, auch den Tempel, Stein um Stein, und das

Volk in die Verbannung zu schicken. Auch Jeremia brach geistlich zusammen und versuchte zu kündigen. Jesus aber brach niemals geistig-geistlich zusammen. Er ging seinen Weg gerade zum Kreuz, zu seinem Ziel für unsere Erlösung. Ihm wurde nicht nur das tiefste persönliche und völkische Leiden auferlegt, sondern die Schuld der Welt, aller Menschen aller Zeiten. Aber daß er *physisch* zusammenbrach, so daß ein anderer körperlich sein Kreuz tragen mußte, ist ein Rückblick auf Hiob und Jeremia. Aber Jesus blieb seinem übergroßen und übermenschlichen Auftrag treu, und zwar für uns.

» . . . gaben sie ihm Wein zu trinken mit Galle vermischt.«
Jesus lehnte diesen Wein aus drei Gründen ab:

1. er hat versprochen, daß er nicht von der Frucht des Weinstocks nehmen werde, bis er davon genießen wird mit seinen Jüngern in seinem Reich.

2. Und was am wichtigsten ist, Jesus wollte die stärksten aller Schmerzen erleben, mit und für uns, ohne ein Betäubungs-, ein Linderungsmittel, nämlich Wein, zu sich zu nehmen.

3. Und – was kaum bekannt ist – ein Priester darf bei einer Opferfeier keinen Wein trinken, und der Hebräerbrief bezeichnet Jesus zugleich als das Opferlamm und den Hohenpriester in alle Ewigkeit.

Dazu hat diese Galle, welche er nur ein bißchen schmeckte, direkten Bezug zur jüdischen Passahfeier, denn bei dieser Feier nehmen die Juden beim Essen bittere Kräuter zu sich, in Erinnerung an die bittere Knechtschaft in Ägypten. Jesus, unser Passahlamm, schmeckte diese Galle als Überbietung dieses bitteren Erlebnisses, denn sein Kreuz ist das Angebot der Befreiung aller Völker aller Zeiten.

» . . . teilten sie seine Kleider und warfen das Los darum« – damit erfüllt würde, was gesagt ist durch den großen Kreuzespsalm. Kleid bedeutet in der Bibel Zeichen der Erwählung: so Josefs Kleid, so der Prophetenmantel, so unser weißes Kleid der Erlösten im Himmelreich. Dieses Kleid, Zeichen der Erwählung, wird auch den Heiden zuteil werden, und zwar in vier Himmelsrichtungen – Johannes berichtet uns, daß vier Heidenknechte dabei waren.

»Und oben über sein Haupt setzten sie eine Aufschrift mit der Ursache seines Todes: Dies ist Jesus, der Juden König.«

Zur Zeit der Geburt Jesu kamen Heiden aus dem Osten, um ihn als König der Juden anzubeten. Auch ging Jesus durch das ganze Land vom Norden bis zum Süden, um zu zeigen, dieses Land gehört mir als seinem König. Jesus starb als der Juden König. Das bedeutet aber auch, daß er, trotz Israels Versagen ihm gegenüber, der Juden König ist, denn, wie Paulus sagte: »Er kann seine Erwählung nicht bereuen.« Israels Leiden und Jesu Leiden gehören tief zueinander, als Zeichen der Erwählung, als Zeichen der Schuld und als Wegweisung zu Israels Erlösung durch Jesu Wiederkunft, wenn sie ihn »annehmen, den sie durchbohrt (gekreuzigt) haben«.

»Und da wurden zwei Räuber mit ihm gekreuzigt, einer zur Rechten und einer zur Linken.«

Wie Lukas uns berichtet, lehnte der eine Mörder Jesus ab, verhöhnte ihn sogar, aber der andere Mörder erkannte seine eigene Schuld, wandte sich zu Jesus, erkannte ihn als seinen Herrn und bat um Einlaß in sein Reich. Und Jesus antwortete ihm: »Wahrlich, ich sage dir: Heute wirst du mit mir im Paradies sein.« In der Bergpredigt entblößt Jesus uns alle als Mörder im Geist, denn wer je seinen Bruder gehaßt hat, hat ihn im Geist umgebracht. Damit gibt es für die Menschen nur zwei Möglichkeiten im Blick auf unser Heil: entweder Jesus abzulehnen oder Buße zu tun und ihn als Herrn und Heiland anzuerkennen.

»Der du den Tempel abbrichst und baust ihn auf in drei Tagen, hilf dir selber! . . . Andern hat er geholfen und kann sich selber nicht helfen.«

Jesus hat prophetisch vorausgesehen und immer wieder behauptet und gesagt, daß der Tempel zerstört wird. Dieser Aussage fügte er auch hinzu: » . . . aber ich werde ihn in drei Tagen wieder aufbauen.« Der Tempel ist tatsächlich nach Jesu Tod von den Römern zerstört worden. Und durch Jesu Kreuzestod und Auferstehung sind diese »drei Tage« erfüllt worden. Denn der neue Tempel Gottes ist Jesu gekreuzigter und auferstandener Leib. Diese Aussage, »anderen hat er geholfen und kann sich selber nicht helfen«, zeigt, wie verblendet wir Menschen sind, sogar im Angesicht unseres eigenen Heils. Jesus hat ständig anderen Menschen geholfen, aber gerade durch sein Kreuz ist seine größte und endgültige Hilfe geschehen, das Angebot der Erlösung von Schuld, Sünde, Satan, Tod und Gericht für alle Menschen aller

Zeiten. Jesus hätte sich selber helfen können durch seine zwölf Legionen Engel und durch seine Gottesmacht. Aber er ging diesen Leidensweg für uns, nur für uns, zu unserer Erlösung.

»Und von der sechsten Stunde an kam eine Finsternis über das ganze Land bis zur neunten Stunde.« Diese Finsternis bedeutet scheinbar, daß das wahre Licht der Welt erloschen ist. Aber diese Finsternis ist auch eine prophetische Erfüllung von Psalm 139, wo geschrieben steht: »Spräche ich: Finsternis möge mich decken und Nacht statt Licht um mich sein –, so wäre auch Finsternis nicht finster bei dir, und die Nacht leuchtete wie der Tag. Finsternis ist wie das Licht.« Denn Jesus trug am Kreuz auch unser Gericht, unsere Entfernung von Gott, und deswegen rief er laut: »Mein Gott, mein Gott, warum hast du mich verlassen?« Gottesferne bedeutet Sünde, und die Finsternis ist das Zeichen dafür. Auch steht es im heiligen Gesetz (5. Mose 21,23): ». . . denn ein Aufgehängter ist verflucht bei Gott . . .« Jawohl, Jesus trug hier die Verfluchung des unerfüllbaren Gesetzes, ausgelegt in der Bergpredigt, und dazu nicht nur unsere Schuld und Sünde, nicht nur unseren Tod, sondern zugleich unser Gericht.

»Und siehe, der Vorhang im Tempel zerriß in zwei Stücke von oben an bis unten aus.«

Hier wird buchstäblich beschrieben, wie eine Beschneidung vor sich geht. Acht Menschen werden in der Arche Noahs gerettet für die neue Welt. Der achte Tag ist der Tag der Beschneidung in Israel. David (»Jesus, du Sohn Davids«) ist der achte Sohn Isais. Jesus wurde am achten Tage fleischlich beschnitten, wie jeder jüdische Sohn – aber hier geschieht etwas wie eine geistliche Beschneidung. Denn Gottes Ausstrahlung, sein Kabod, sein heiliger Geist wird jetzt nicht mehr an den Tempel gebunden sein, sondern wird ausströmen in die ganze Welt durch die Mission, gegründet zu Pfingsten. Hier ist dann eine geistliche Beschneidung, welche diese unbegrenzte Kraft in Gang setzt, denn Mission ist vor allem in Jesu Kreuz gegründet, Jesu Heilsangebot für alle Völker.

»Als aber der Hauptmann und die mit ihm Jesus bewachten das Erdbeben sahen und was da geschah, erschraken sie sehr und sprachen: Wahrlich, dieser ist Gottes Sohn gewesen!«

Es gibt diese zwei zentralen Zeugen für Jesu Göttlichkeit bei der Kreuzigung: Der eine war ein jüdischer Mörder, der Schächer am Kreuz; der andere dieser heidnische Hauptmann. Damit wird gesagt, Jesu Tod gilt für Juden wie für Heiden, sowohl für Mörder als auch für unsere Feinde.

»Und es waren viele Frauen da, die von ferne zusahen; die waren Jesus aus Galiläa nachgefolgt und hatten ihm gedient.«

Hier wird die Treue und Wichtigkeit der Frauen in der Nachfolge Jesu gezeigt. War es nicht eine Frau, Maria, Marthas Schwester, welche Jesus zum König salbte? Jesus sagte: ».. . sie hat meinen Leib im voraus gesalbt für mein Begräbnis.« Jesus starb als König der Juden. Und war es nicht eine andere Frau, Maria Magdalena, welche als erste Jesu Auferstehung verkündigt hat? Ist es nicht wahr, daß durch die Jahrhunderte hindurch unsere Kirche vor allem eine Kirche der Frauen gewesen ist, denn der Gottesdienstbesuch war und ist meistens mehr von Frauen als von Männern geprägt.

Die ganze Passionszeit Jesu zeigt uns zwei zentrale Linien: Auf der einen Seite das totale Versagen der Jünger Jesu, auf der anderen Jesu eigenen, geraden Weg bis zum Kreuz, ja, bis zum bitteren Tod am Kreuz für uns versagende Jünger. Unser Glaube ist deswegen ganz und gar auf ihn, allein auf ihn gegründet, nicht auf unsere Werke, unsere Gaben, unsere Gemeinschaft, unser Tun. Denn er, und er allein, hat alles vollbracht, als wir total versagt haben.

Gelobt seist du, o Herr!

Weitere Bücher von David Jaffin

Jüdische Feste – christliche Deutung
76 Seiten, Bestell-Nr. 056 698

Dieses faszinierende Thema kann nur ein Autor mit besonderem Hintergrund – wie ihn David Jaffin hat – richtig bearbeiten: Sohn jüdischer Eltern, der als Erwachsener zum christlichen Glauben übertritt. Daß unsere großen Feste des Kirchenjahres in der alttestamentlichen Gemeinde wichtige »Gegenüber« haben, ist jedem aufmerksamen Bibelleser mehr oder weniger bewußt. Für dieses Buch wurden vier Paare gegenübergestellt: Chanukkah – Advent/Weihnachten; Passafest – Gründonnerstag/Karfreitag; Das alte und das neue Pfingsten; Sabbat und Abendmahl.

Alle Lande sind seiner Ehre voll
176 Seiten, Bestell-Nr. 058 015

In diesem Buch sind ganz besonders wertvolle Predigten aus dem Alten und Neuen Testament zusammengestellt. Das Besondere dieser Ausführungen liegt darin, daß der Verfasser als messianischer Jude zu manchem direkteren Zugang hat und so zu Aussagen gelangt, die neu sind und überraschen. Der Autor versteht es, durch seine originelle Art und seinen Weitblick diese Betrachtungen lesenswert zu machen.

Was erwartet uns?
128 Seiten, Bestell-Nr. 058 028

Auf diese Frage geben bekannte Persönlichkeiten u. a. Konrad Eißler, Theo Sorg, Winrich Scheffbuch, Walter Tlach und Ernst Vatter Antwort.

Die Urgeschichte der Menschheit – unsere Geschichte
120 Seiten, Bestell-Nr. 058 029

In diesem Buch geht es um die ersten Blätter der Bibel, die Urgeschichte der Menschheit. So wurden Texte aus 1. Mose 1 bis 11 ausgewählt und dem Leser nahegebracht. Wir tun gut daran, uns vor allen Dingen mit der Urgeschichte der Menschheit, dem ersten Heilsabschnitt im Paradies, dem Zeitalter des Noah-Bundes, zu beschäftigen.

Die großen Richter
112 Seiten, Bestell-Nr. 058 045

Das Jesaja-Evangelium
144 Seiten, Bestell-Nr. 058 065
»Jesaja-Evangelium?« Jawohl – alles, was mit Evangelium, mit der Frohen Botschaft von Jesus zu tun hat, ist hier bei dem ersten großen Propheten vorhanden: Kreuz, Auferstehung, Heiliger Geist und viel, viel mehr. Deswegen ist Jesaja so häufig im NT zitiert.

Der kleine Prophet im großen Wal
120 Seiten, Bestell-Nr. 058 092
Kann ein Mensch wirklich im Walfisch leben? Kann ein Mensch vor dem Herrn weglaufen? Der Herr will uns an sein Ziel bringen, wie damals Jona, den kleinen Propheten im großen Wal.
Der wichtige und trotzdem wenig bekannte Prophet wird vollständig behandelt. Ebenso wird der Prophet Micha ausgelegt. Dieses Buch ist auch ein gutes Nachschlagewerk für alle, die diesen interessanten, aber weniger beachteten Teil der Bibel entdecken wollen.

Die Propheten – unsere Zeitgenossen
180 Seiten, Bestell-Nr. 058 116
Kleine Propheten sind sie genannt. Habakuk, Zephanja, Maleachi. Aber diese Propheten sind in jedem Sinn des Wortes unsere Zeitgenossen. Sie sprechen unsere Probleme und unsere Zeit direkt an.

Meine Augen haben deinen Heiland gesehen
48 Seiten, Gb, Bildband, Bestell-Nr. 057 062
Ein Geschenkband mit Gemälden und Zeichnungen von Rembrandt und kurzen Betrachtungen.

Bitte fragen Sie in Ihrer Buchhandlung nach diesen Büchern!